Knaur

Über die Autorin:

Dr. Barbara Voll, Jahrgang 1960, studierte Medizin an der Universität Heidelberg. Sie schloß ihr Studium 1988 mit Promotion ab. Von 1988 bis 1994 war sie als Medizinredakteurin verschiedener Fachzeitschriften tätig. Seit 1994 arbeitet sie als freie Medizinjournalistin. Frau Dr. Voll lebt mit ihrer Tochter in Schwetzingen.

Dr. Barbara Voll

Das Sisi-Syndrom

Wenn die Seele die Balance verliert

*Wie Sie Ihr inneres Gleichgewicht
wiederfinden*

Der Text von Dr. Stephan Volk auf den Seiten 157 f. wurde abgedruckt
mit freundlicher Genehmigung des LinguaMed-Verlags, Neu-Isenburg

Originalausgabe November 1998
Copyright © 1998 bei Droemersche Verlagsanstalt
Th. Knaur Nachf., München
Alle Rechte vorbehalten. Das Werk darf – auch teilweise –
nur mit Genehmigung des Verlags wiedergegeben werden.
Redaktion: Diana Schaumlöffel
Realisation und Gestaltung: Ariadne Buchkonzeption,
Christine Proske, München
Umschlaggestaltung: Agentur Zero, München
Umschlagabbildung: AKG, Berlin/Jerome da Cunha
Satz: MPM, Wasserburg
Druck und Bindung: Ebner Ulm
Printed in Germany
ISBN 3-426-82272-5

5 4 3 2

INHALT

GELEITWORT

»Ich bin ein aktiver, lebensbejahender Mensch, erfolgreich in Beruf und Privatleben, lebe gesund, treibe Sport, engagiere mich, gehe in Konzerte und unternehme viel. – Trotzdem bin ich irgendwie rastlos, gehetzt, finde keine Ruhe. Ich fühle mich abgeschlagen, und in stillen Momenten beschleicht mich ein Gefühl der Leere. Ich sehe dann alles negativ. Was ist bloß mit mir los?«

Barbara Voll gelingt es, diese verschiedenen, uncharakteristischen Beschwerden wie ein Puzzle zusammenzufügen und das komplexe Erscheinungsbild depressiven Erlebens und Leidens für den Laien verständlich zu machen. Anschaulich beschreibt sie anhand konkreter Beispiele betroffener Menschen, darunter auch Kaiserin Elisabeth von Österreich, die vielfältigen Facetten dieser Unfähigkeit zur Muße.
Die Autorin verdeutlicht, daß vermeintlich von außen gestellte Anforderungen in Wirklichkeit selbstgesetzte, überhöhte Ansprüche sind, die ihre Ursache in innerer Unsicherheit, Ängsten und unzureichendem Selbstwertgefühl haben, und beschreibt, wie das Scheitern an diesen Ansprüchen Schuldgefühle auslöst. Die Folgen: Das seelische Gleichgewicht gerät aus dem Lot, und es entsteht die krankhafte Spirale der Rastlosigkeit.
Am Porträt der historischen Figur Sisi wird erläutert, wie diese ihren eigenen depressiven Verstimmungen vielfältige

Aktivitäten entgegensetzte und versuchte, der sie beengenden und ihren psychischen Problemen Vorschub leistenden Situation am Wiener Hof zu entfliehen. Beide Maßnahmen kann man heute als Selbstbehandlung Sisis verstehen. Sisi war mit dieser aktiven Verarbeitung ihrer depressiven Verstimmung ihrer Zeit voraus. Heute bezeichnen wir diese inzwischen sehr häufig auftretende und spezielle Form der Verarbeitung einer depressiven Verstimmung mit dem aktuellen Begriff »Sisi-Syndrom«.

Wie soll der aktive, dem Leben im Grunde positiv gegenüberstehende Mensch mit einem »Sisi-Syndrom« die Diagnose einer depressiven Verstimmung für sich selbst akzeptieren und damit umgehen? Barbara Voll entwirft nachvollziehbare Zugangsmöglichkeiten und erteilt praktische Ratschläge für die Suche nach Hilfe. Moderne, wirksame und gut verträgliche Arzneimittel, Psychotherapie, aber auch die eigenen Möglichkeiten zur Selbsthilfe und zur Vorbeugung von Rückfällen werden dargestellt.

»Werde ich wieder gesund?« – Dieses Buch vermittelt Betroffenen die begründete Hoffnung auf Genesung, so daß die Frage eindeutig mit »ja« beantwortet werden kann.

Privatdozent Dr. Stephan A. Volk,
Chefarzt der Fachklinik Hofheim GmbH,
Klinik für psychische, psychosomatische
und neurologische Krankheiten

EINFÜHRUNG

Sie sind ein lebensbejahender, aktiver und leistungsbereiter Mensch. Ihre Umgebung beneidet Sie oft um Ihre Energie, um Ihre unermüdliche Aktivität und um Ihre zahlreichen Interessen. Sie stellen sich allen Anforderungen und kämpfen für Ihre Ziele. So sieht Sie Ihre Umgebung, und so sehen Sie sich selbst.

Und doch: Als glücklich würden Sie sich nicht bezeichnen. In ruhigen Momenten beschleicht Sie ein Gefühl der Leere und der inneren Unruhe. Obwohl Sie abends todmüde sind, schlafen Sie schlecht, und das Essen schmeckt Ihnen auch nicht so recht. Alles nur Kleinigkeiten, natürlich. Niemals würden Sie sich deswegen hängenlassen. Sie nehmen sich eher noch mehr vor, damit diese unangenehmen Minuten der Leere gar nicht erst aufkommen können.

Ihr Terminkalender ist voll. Von morgens bis abends sind Sie aktiv. Eigentlich ein erfülltes Leben, oder? – Wenn es da nur nicht dieses unterschwellige Unbehagen gäbe! Sie machen sich gelegentlich selbst Vorwürfe, haben auch Angst vor der Zukunft. Wie soll das alles weitergehen? Sie spüren, daß Ihre Psyche aus dem Gleichgewicht geraten ist und daß Ihre Rastlosigkeit Sie in eine Spirale treibt, die ein Entrinnen immer schwieriger macht. Jeden Tag aufs neue treten Sie die Flucht nach vorne an – eine andere Lösung scheint es für Sie nicht zu geben. Vielleicht aber doch, und vielleicht tun Sie gerade den ersten Schritt dazu, indem Sie sich

Klarheit über Ihre Situation verschaffen wollen. Sie sind nämlich nicht allein mit Ihrem Unbehagen. Etwa zweieinhalb Millionen Menschen in Deutschland kennen vergleichbare Gefühle und versuchen sie mit ähnlichen Mitteln zu unterdrücken. Die meisten von ihnen verhalten sich auch genau wie Sie: Sie gehen aktiv gegen die dunklen Momente an, wollen sich von der gedämpften Stimmung nicht unterkriegen lassen. Menschen aller Altersklassen und Lebenssituationen sind darunter: karrierebewußte Manager, mehrfach belastete junge Mütter, aber auch Studenten, Hausfrauen und Rentner.

Da auch die ehemalige Kaiserin Elisabeth von Österreich, genannt Sisi, vergleichbare Empfindungen kannte und jahrzehntelang mit großer Energie dagegen ankämpfte, haben einige Ärzte in jüngster Zeit dieses Phänomen als »Sisi-Syndrom« bezeichnet. Sie verstehen darunter eine spezielle Form der depressiven Verstimmung.

Depressiv? Sie doch nicht, so aktiv und lebendig wie Sie sind! Genau darin liegt die Schwierigkeit. Weil Sie so wenig dem üblichen Bild des Depressiven entsprechen, wird Ihnen nicht geholfen. Kaum ein Arzt wird hinter Ihren körperlichen Beschwerden die seelische Ursache feststellen. Wie könnte er auch: Sie wollen sie ja selbst nicht wahrnehmen! Den Anstoß, ihre Situation zu ändern, können sich allein Sie selbst geben.

Am Anfang dieser Veränderung steht die Information über das Wesen und die Symptome des Sisi-Syndroms. In diesem Buch werden alle Aspekte, die Gefühle und körperlichen Beschwerden vorgestellt, die für diese Form der depressiven Verstimmung charakteristisch sind. Anhand einiger Beispiele, darunter auch der Kaiserin Elisabeth selbst, können Sie nachvollziehen, wie vielfältig das Erscheinungsbild des Sisi-Syndroms ist und wie verschieden die Bedingungen sind, unter denen die Betroffenen es erleben. Vielleicht erkennen Sie sich in der einen oder anderen Schilderung wieder? Selbstverständlich erfahren Sie auch, wo Sie Hilfe finden und wie diese aussehen könnte.

I. RASTLOS, RUHELOS, GEHETZT:

Wenn der Streß von innen kommt

Frau B., 51 Jahre alt, verheiratet, drei Kinder, Hausfrau.

Frau B. ist seit einigen Wochen »alles zuviel«. Jeden Telefon-anruf, das Klingeln des Briefträgers, das Spazierengehen mit dem Hund – alles empfindet sie als entsetzlich lästige Störung. Äußerlich ist ihr allerdings kaum etwas anzumerken. In ihrem großen Haushalt herrscht viel Betriebsamkeit: drei fast erwach-sene Kinder, die bis vor kurzem alle noch zu Hause gewohnt haben, eine Großmutter, die versorgt wird, ein Hund, ein gro-ßer Garten – Frau B. hat rund um die Uhr zu tun. Ihr Mann ist zudem ein geselliger Mensch, der gerne Freunde mitbringt, und Frau B. selbst ist zusätzlich noch in der Kirche engagiert.
Vor drei Monaten sind die beiden älteren Kinder, ein Zwil-lingspaar, zum Studium in eine 100 Kilometer entfernte Universitätsstadt gezogen. Entgegen der Erwartungen der Mutter kommen sie keineswegs jedes Wochenende nach Hause, sondern scheinen sich in ihrer neuen Umgebung äußerst wohl zu fühlen. Der jüngste Sohn steht kurz vor dem Abitur und wird anschließend seinen Wehrdienst antreten. Frau B. ist sich bewußt, daß der Weggang der Kinder eine einschneidende Lebensveränderung für sie und ihren Mann darstellt, und hat sich bereits nach einem neuen Betätigungs-feld umgesehen. Demnächst wird sie als ehrenamtliche Mit-arbeiterin einer karitativen Einrichtung Krankenbesuche ma-chen und alte Leute betreuen.

Frau B. geht zum Arzt, weil sie unter hartnäckigen Magen- und Darmbeschwerden leidet. Zunächst hat sie diese ignoriert, dann versucht, sie durch eine Ernährungsumstellung in den Griff zu bekommen. Als auch dies nichts half, besorgte sie sich Literatur über Hefepilzbefall des Darms und begann eine Selbstbehandlung mit radikaler Diät. Erst als auch diese Ernährungsumstellung keine Besserung brachte, entschloß sie sich zum Arztbesuch.

Dem Arzt sagt sie, bis auf die Darmbeschwerden und ihre schon seit längerer Zeit bestehenden Schlafstörungen gehe es ihr gut, nur der Kreislauf sei seit einiger Zeit morgens immer »im Keller«. Nach dem Erwachen muß sie erst noch eine Weile im Bett bleiben, ehe sie sich zum Aufstehen aufraffen kann. In dieser Zeit grübelt sie oft darüber nach, wie das Leben denn in den nächsten Jahrzehnten weitergehen soll. Ihre fast achtzigjährige Mutter, die mit im Haus lebt, ist kein Vorbild für Frau B. – die alte Frau ist mißmutig und mäkelt den ganzen Tag nur an ihrer Tochter herum.

Wenn Frau B. dann morgens endlich aufgestanden ist, befällt sie ein schlechtes Gewissen wegen ihrer Trödelei und ihrer Lustlosigkeit. Über 20 Jahre hat sie ihren Haushalt immer in Schuß gehabt. Jederzeit konnte ihr Mann Besuch mitbringen, und sie war für alle Unternehmungen zu haben. Jetzt jedoch, wo sie eigentlich durch den Auszug der Kinder endlich etwas entlastet ist, macht ihr nichts mehr richtig Freude. Außer ihren häuslichen Pflichten und der kirchlichen Arbeit hat sie nur eine einzige neue Aufgabe angenommen, die Krankenbesuche, und selbst das ist ihr im Grunde zuviel.

Herr S., 43 Jahre alt, getrennt lebend, ein Kind, selbständiger Softwareberater.

Herr S. weiß nicht so recht, was mit ihm los ist. Was er auch beginnt – in letzter Zeit scheint ihm alles zu mißlingen. Seine zweite Ehe steht kurz vor dem Scheitern. Vor einigen Wochen ist seine Frau ausgezogen. Ihre Begründung: Er sei »unerträglich«, reizbar, unruhig, fahre ihr ständig über den Mund und bringe durch seine Hektik jeden Tag durcheinander. Auch geschäftlich steckt Herr S. in Schwierigkeiten. Während früher die Akquisition neuer Aufträge für sein kleines Unternehmen immer seine starke Seite war, hat er nun seine positive Ausstrahlung offenbar völlig verloren. Hinzu kommt, daß ihn die Absagen seelisch schwer belasten. Nach einem ungünstig verlaufenen Gespräch muß er sich erst einmal eine Viertelstunde hinlegen, um wieder Fassung zu erlangen. Auch die Arbeit mit seinen langjährigen Kunden macht ihm Mühe. Er meint, daß deren Forderungen und Ansprüche an ihn immer dreister würden, und hat sich deswegen mit einigen Geschäftspartnern überworfen.

In seiner Freizeit treibt er viel Sport. Er rudert – und um genügend Kondition und Kraft für diesen anstrengenden Sport zu haben, joggt er regelmäßig, fährt Fahrrad und betreibt Krafttraining. »Nebenbei« managt er seinen Ruderverein, aus dem auch der größte Teil seines Freundeskreises stammt.

Obwohl er seine Aktivitäten in gewohntem Ausmaß weiterführt, die beruflichen wegen der schlechten Geschäftslage sogar eher noch gesteigert hat, fühlt er sich nicht leistungsfähig. Alles fällt ihm schwer. Im Grunde hat er zu nichts Lust. Er fühlt sich erschöpft, schläft schlecht und verbringt viel Zeit mit Grübeln. Außerdem hat Herr S. festgestellt, daß sich seine Beziehungen zu anderen Menschen geändert haben –

und das nicht zum Positiven. Zwar legte er sich früher auch öfter mal mit Vorgesetzten und Kollegen an, aber im Privatleben ist es ihm ganz gut gegangen. Allerdings habe er schon immer den Ruf eines »harten Hundes« gehabt, aber das sei bei seinem Job schließlich auch notwendig, meint er.

Herr S. hat nach abgebrochenem Studium in einem großen Unternehmen zu arbeiten begonnen und sich mit viel Energie und beträchtlicher Aggressivität rasch nach oben »durchgebissen«. Nachdem er wegen Differenzen mit dem Chef aus der Firma ausscheiden mußte, fand er rasch einen neuen, ebenfalls sehr guten Job und war darin wiederum erfolgreich. Nach drei Jahren wurde er entlassen, weil ein ausländischer Konzern die Firma übernahm. Seit vier Jahren ist Herr S. als Softwareberater selbständig. Anfangs hat er sich die Arbeit mit einem Geschäftspartner geteilt, sich jedoch nach einem Jahr von diesem getrennt, da ihm dieser zu »passiv« war.

»Passivität« ist für Herrn S. ein ausgesprochenes Reizwort, das er sehr abwertend verwendet. Auch seine zweite Frau ist seiner Ansicht nach passiv. Sie interessiert sich für nichts und treibt auch keinen Sport. Ihm ist das zu langweilig. Er ist wegen seiner Berufstätigkeit und seinen Hobbys viel unterwegs, sie hingegen »hänge nur herum«, beklagt er sich. Schon seine erste Ehe scheiterte, weil seine damalige Frau seinen beruflichen Aufstieg und die damit verbundene Erweiterung des beruflichen und privaten Aktionsradius nicht mitmachen wollte oder konnte. Auch sein Sohn sei ein »couch potatoe«, ein unsportlicher Stubenhocker, sagt sein Vater.

In letzter Zeit war Herr S. wegen der ständigen Auseinandersetzungen mit seiner Frau nur noch selten zu Hause. Auch die Treffen mit Geschäftspartnern und mit seinen Ruderfreunden verliefen immer unerfreulicher, berichtet er. Dauernd gab es Konflikte. Er ist sehr reizbar, und die Freunde empfinden ihn als rechthaberisch und zu dominant.

Zudem fühlt sich Herr S. seit einigen Monaten körperlich nicht mehr gut. Durch sein intensives Training sei er immer fit gewesen, aber in letzter Zeit verspüre er gelegentlich Herzrasen und Herzstechen, außerdem diffuse Gliederschmerzen, ähnlich wie bei einem Muskelkater, berichtet er. Das schlimmste sei aber die Abgeschlagenheit, auch Schlafen ändere daran nichts. Er habe schon das Rauchen aufgegeben, um wieder leistungsfähiger zu werden, aber bisher sei kein Effekt erkennbar.

Frau K., 29 Jahre alt, alleinstehend, Betriebswirtin bei einer Großbank.

»Jetzt habe ich endlich meinen Traumjob, alles könnte so schön sein, und nun das!« – Seit wenigen Wochen hat Frau K. nach einer harten Einstiegsphase bei ihrer Bank die Position bekommen, die sie schon immer wollte. Alles entwickelt sich ausgezeichnet, aber nun wird ihrem Freund ihr berufliches Engagement zuviel. Mit der Begründung, sie sei zum Workaholic geworden, hat er sich kürzlich von ihr getrennt. Frau K. leidet sehr unter dieser Trennung. Sie lernte ihren Freund vor zwei Jahren kennen, einen ebenfalls sehr ehrgeizigen Kollegen, der mindestens soviel arbeitet wie sie und beruflich gut vorankommt. Auch von den Interessen her paßten sie gut zusammen. Beide sind sehr sportlich, unternehmungslustig und reisefreudig. Jedes Wochenende war »action« angesagt: Surfen oder Mountainbiking, häufig auch ein Kurztrip in eine attraktive Stadt. Da beide Partner gut verdienten, stellten Reisen oder teure Hobbys kein Problem dar.
Seit der Freund nicht mehr mitkommt, kann sich Frau K. am Wochenende zu nichts mehr aufraffen. Werktags geht sie in die Bank, macht ihre Arbeit engagiert und gut wie immer. Aber es scheint sie viel mehr Energie zu kosten als früher:

Während sie sonst häufig abends Sport getrieben, Bekannte getroffen hat oder einfach mit dem Freund zum Essen gegangen ist, auch wenn beide erst spät aus dem Büro kamen, ist ihr jetzt alles zuviel. Sobald die Wohnungstür hinter ihr ins Schloß fällt, überkommt Frau K. eine lähmende Müdigkeit. Am Wochenende schafft sie es morgens überhaupt nicht aus dem Bett. Nur noch mit Mühe erledigt sie ihre Einkäufe. Die Freunde beschweren sich, daß sie sich überhaupt nicht mehr melde, vermuten aber, sie arbeite zuviel, und kümmern sich nicht besonders um ihren Rückzug.

Es gibt zwar keinerlei Anzeichen dafür, aber trotzdem macht sich Frau K. große Sorgen, daß sie auch ihre Arbeit vernachlässige. Obwohl sie immer, in der Schule ebenso wie während des Studiums und später dann im Beruf, zu den Besten gehörte, fühlt sie sich jetzt überfordert. Außerdem findet sie sich nicht mehr attraktiv und hat eine Diät begonnen, obwohl sie nicht dicker geworden ist. Um etwas gegen ihre Müdigkeit zu unternehmen, hat sie sich im Fitneßstudio angemeldet und sich fest vorgenommen, zweimal pro Woche dort zu trainieren. Außerdem will sie einen Spanischkurs beginnen, um für die internationalen Anforderungen ihres Jobs noch besser gewappnet zu sein.

In ruhigen Momenten beschleichen sie allerdings Zweifel, ob sie tatsächlich alles schafft, was sie geplant hat, und wozu sie es eigentlich schaffen soll. Dann reißt sie sich jedoch wieder am Riemen und stellt sich vor, daß ihr Freund vielleicht zu ihr zurückkehrt, wenn sie ihn mit einer Superfigur überraschen kann.

1. Aktiv, dynamisch und voller Ideen

Drei Geschichten und drei ganz unterschiedliche Lebenssituationen. Und doch haben diese Menschen, über die hier berichtet wird, einiges gemeinsam. Alle drei sind zupackende, aktive Charaktere. Sie haben sich in ihrem Umfeld durchgesetzt und bewältigen ein beeindruckendes Arbeitspensum. Trotzdem finden sie noch Zeit für Sport und Hobbys. Menschen, die eine so energiegeladene Ausstrahlung haben und scheinbar keine Pausen brauchen, werden im allgemeinen bewundert. Sie entsprechen dem derzeitigen Ideal, das ganz auf Aktivität und Erfolg ausgerichtet ist. Dabei soll sich die Leistungsbereitschaft nicht nur auf den Beruf beschränken, sondern ist auch in der Freizeit gefragt.

2. Ein Termin jagt den anderen

Jeder kennt wohl diese Situation: Der Terminkalender ist schon prallvoll, doch das Telefon klingelt unerbittlich weiter. Der Chef verlangt immer mehr, in immer kürzerer Zeit. Auf dem Heimweg muß noch schnell eingekauft werden. Abends steht eine Verabredung mit Freunden auf dem Programm, aber vorher wollte man ja noch zum Sport. Auch die Kinder bleiben von der Hetze nicht verschont, wie der typische Tagesablauf der halbtags berufstätigen Ehefrau und Mutter Uschi F. zeigt.
Sie berichtet: »Morgens muß es schnell gehen, damit die Kinder pünktlich zur Schule kommen. Die Kleine noch schnell im Kindergarten abliefern und ab ins Büro. Hoffentlich kein Stau unterwegs! Der erste Termin ist schon in einer halben Stunde, und ich bin noch gar nicht vorbereitet. Wenn der Chef jetzt dazwischenfunkt, bricht alles zusammen. Jetzt habe ich vergessen, im Kindergarten Bescheid zu sagen, daß

ich heute mittag eine halbe Stunde später komme! – Da muß ich gleich noch anrufen, bevor ich in die Sitzung gehe!«

Nachmittags geht es im gleichen Stil weiter: »Die größeren Kinder haben Musik- und Sportstunden, zu denen sie gefahren werden müssen. Außerdem ist noch einiges einzukaufen. ›Nebenbei‹ müssen der Haushalt bewältigt und das Abendessen zubereitet werden. Kommt der Ehemann nach Hause, muß es wieder schnell gehen. Rasch eine Kleinigkeit essen, dann will er zum Sport. Kaum sitzt man, ruft die beste Freundin an: ›Habt Ihr Lust, heute abend mit uns wegzugehen?‹ – ›Nein, wir haben keinen Babysitter. Aber Ihr könnt gerne zu uns kommen, allerdings nicht vor neun, früher ist Jochen nicht vom Sport zurück.‹«

Als die Freunde eintreffen, hat Uschi F. einen kleinen Imbiß zubereitet und erntet Komplimente. – »Wie sie das immer schafft, mit drei Kindern, Job und Haushalt. Und trotzdem hat sie Zeit für die Freunde. Und wie gut sie wieder aussieht!« Während der Unterhaltung ist Uschi F. allerdings nicht ganz bei der Sache. Ihr ist eingefallen, daß sie die Hausaufgaben der beiden großen Kinder nicht nachkontrolliert und die Hemden nicht gebügelt hat. »Na ja, vielleicht ist ja nachher noch eine halbe Stunde Zeit zum Bügeln . . .«

Kommt Ihnen das bekannt vor? Der ganz alltägliche Wahnsinn in einer Gesellschaft, die mehr und vor allem vielfältigere Anforderungen an den einzelnen stellt als jede andere zuvor. Insbesondere Frauen sind oft nicht nur doppelt, sondern drei- und vierfach belastet. Kinder, Beruf, Haushalt – das wäre schon mehr als genug. Die Ansprüche der Umwelt sind aber noch höher: Als Ehepartnerin muß die Frau attraktiv bleiben und jederzeit gut aussehen. Sie soll Sport treiben, soziale und gesellschaftliche Kontakte pflegen, und schließlich darf sie nicht »langweilig« werden, sondern soll zudem noch eigenen Interessen nachgehen.

Den Männern geht es allerdings auch nicht viel besser. Der berufliche Erfolg ist selbstverständlich. Daneben darf man als Vater aber auch nicht völlig ausfallen. Fitneß bis ins hohe Alter und Hobbys, die immer möglichst mit dem Zeitgeist gehen, sind ebenfalls unbedingt erforderlich.

3. Zu Hause bleiben ausgeschlossen: Wochenendhetze und Urlaubsstreß

Wochenende und Urlaub sind eigentlich zur Entspannung da, doch das scheint nicht mehr im Trend zu liegen. Für viele Menschen geht die Hetze am Wochenende nahtlos weiter: Freizeitaktivitäten, Ausflüge, Besuche, Städtereisen – selbst das Sonntagsfrühstück darf nicht mehr in Ruhe zu Hause stattfinden, sondern wird als Brunch mit Freunden im lauten Bistro eingenommen.

Und der Urlaub? Aktivreisen sind angesagt. Cluburlaub, Sportkurse, Studienreisen mit vollem Programm lassen nicht eine Minute Langeweile aufkommen – aber auch nicht eine Minute Muße. Da bleibt keine Zeit für sich selbst und die Angehörigen. Mehrere Kurztrips verhindern, daß man sich am Urlaubsort einlebt. Bis man die »wichtigsten« Sehenswürdigkeiten erkundet und die tollsten Leistungen des Hotels in Anspruch genommen hat, ist der Urlaub schon wieder vorbei. – Keine Zeit für Ruhetage!

4. Alle anderen sind so lahm: Wie man seinen Partner überfordert

Solange in einer Partnerschaft beide mit dem Aktivitätspegel zufrieden sind, entstehen keine Probleme. Anders sieht es aus, wenn einer deutlich mehr unternehmen will als der andere. Im zweiten Beispiel hat Herr S. seine Ehefrau als passiv bezeichnet, er hält sie für bequem und desinteressiert. Ob dies zutrifft oder ob er rastlos und hektisch ist – wie sie ihm vorwirft –, ist schwer zu entscheiden. Eine »Wahrheit« gibt es in dieser Frage nicht. In bezug auf das Aktivitätsniveau und das Bedürfnis nach Anregung bzw. Ruhe unterscheiden sich die Menschen ebenso stark wie in all ihren anderen Eigenschaften.

Das erste Beispiel zeigt, wie man sich einander anpassen kann. Frau B., die ebenfalls sehr leistungsfähig ist, hat ihren Mann in seiner Geselligkeit und seinen vielfältigen Außenkontakten unterstützt und ihre eigene Energie auf den Haushalt und die Kinder konzentriert. Als sich abzeichnete, daß in diesem Bereich in Zukunft weniger Arbeit anfällt, suchte sie sich mit dem karitativen Engagement ein neues Betätigungsfeld.

Im dritten Beispiel scheinen beide Partner sich in ihrem Unternehmungsgeist ebenbürtig zu sein und gut zusammenzupassen, bis der Freund von Frau K. plötzlich das Handtuch wirft. Ob tatsächlich ihr Arbeitspensum sein Mißfallen erregte oder ob andere Gründe dahinterstecken, ist für die Betrachtung unseres Themas gar nicht so entscheidend. Viel wichtiger ist, wie Frau K. mit dem Verlust ihres Partners umgeht – doch davon später mehr.

5. Warum kann ich Ruhe nicht mehr genießen?

Wer inmitten der Hektik steckt, träumt oft von einer ruhigen Minute: Feierabend, Wochenende, Urlaub – Synonyme für Entspannung. Doch wenn es dann soweit ist, werden die kostbaren Stunden mit so vielen Unternehmungen vollgepackt, daß die Muße wieder zu kurz kommt.

»Das ergibt sich eben so«, werden Sie jetzt entgegnen. Ob das aber tatsächlich der Fall ist, darf bezweifelt werden. Ganz allmählich und schleichend hat sich nämlich die Situation umgekehrt. Die Notwendigkeit, ständig etwas zu tun, kommt nicht mehr von außen. Sie entsteht im eigenen Innern, denn die Ruhe macht plötzlich angst. Wann haben Sie das letzte Mal ganz allein eine Stunde in Muße verbracht, ohne irgendeine Arbeit, ohne den Fernseher, ohne zu telefonieren – nur mit Musik, einem Buch oder am besten ohne jegliche Beschäftigung? Wann haben Sie zuletzt einen Urlaubsabend damit verbracht, aufs Meer zu schauen? Wann sind Sie am Wochenende im Garten gesessen, ohne zu mähen oder zu jäten? Wann haben Sie Ihren Kindern beim Spielen zugeschaut, ohne nebenbei irgend etwas zu tun? Sie werden einwenden, dazu hätten Sie keine Zeit. Warum nicht? Warum ist alles andere wichtiger, als sich Zeit für die innere Einkehr, für Muße und Entspannung zu nehmen?

Vielleicht, weil es vielen Menschen schwerfällt, überhaupt echte Entspannung zu empfinden. Mit dem Begriff der Muße weiß kaum jemand noch etwas anzufangen, Nichtstun wird mit Passivität oder Langeweile gleichgesetzt. Alleinsein löst Ängste aus, die durch die »Pseudogesellschaft« des Fernsehers überdeckt werden müssen. Der Mensch, der eigentlich ein natürliches Bedürfnis nach einem Gleichgewicht zwischen Aktivität und Ruhe hat, verliert offenbar diese Balance unter bestimmten Bedingungen. An die Stelle der positiven Aktivität, die ein Zeichen von Energie und einer gesunden Lebenseinstellung ist, treten Rastlosigkeit und die Unfähigkeit, innezuhalten. Aus der Aktivität wird Aktionismus, die Beschäftigungen nehmen zwanghafte Züge an. Manche Tätigkeiten werden nicht mehr um ihrer selbst willen begonnen, sondern dienen unbewußt dem Zweck, Ängste zu unterdrücken und das Aufkommen einer inneren Leere zu verhindern. Oft gelingt diese Strategie auch über einen langen Zeitraum hinweg. Werden jedoch die Ängste immer stärker und steigt ein Gefühl der Leere und Sinnlosigkeit immer häufiger und unabweisbarer auf, so läßt sich auch unter Aufbietung aller Kräfte nicht dauerhaft dagegen ankämpfen.

Alle drei Fallbeispiele zeigen Menschen, die sich in diese Richtung entwickelt haben. Der Mann mittleren Alters, der durch seine Berufstätigkeit und seine Hobbys stark gefordert ist, hat offenbar lange Zeit nicht bemerkt, daß er aus dem seelischen Gleichgewicht zu geraten drohte. Seine wachsende Neigung, sich mit anderen Menschen anzulegen, seine Unzufriedenheit mit der privaten und geschäftlichen Situation hat er nicht als Warnzeichen gedeutet, sondern durch immer mehr Aktivitäten zu überspielen versucht. Hinzu kommt sein sehr traditionelles männliches Selbstbild, das ihn dazu verleitet, ein hohes Maß an Aggressivität für akzeptabel, ja sogar für notwendig zu halten. Ruhe setzt er mit Passivität gleich und kann sie sich, dem aktiven Menschen, daher ebensowenig gönnen wie seiner Umgebung.

Frau B. im ersten Beispiel hat, von außen betrachtet, keine Probleme. Sie führt einen Haushalt wie aus dem Bilderbuch, mit Kindern, Oma, Haus und Hund. Dennoch weist sie Anzeichen eines gestörten seelischen Gleichgewichts auf: ungewohnte Verdauungsstörungen, Schlafstörungen, morgendliche Kreislaufschwäche und die Hürde, die sie vor dem Aufstehen nehmen muß, sowie ihre unbegründeten Schuldgefühle. Auch wenn diese Symptome auf den ersten Blick nicht besonders augenfällig sind, sie deuten auf eine Beeinträchtigung des Gefühlslebens von Frau B. hin.

Im dritten Beispiel reagiert eine junge Frau in angespannter beruflicher Situation auf die von ihrem Freund vollzogene Trennung in auffälliger Weise. Sie stürzt sich in neue Aktivitäten, um das Vakuum zu füllen, das durch seinen Weggang entstanden ist. Eigentlich ist dies eine gesunde und auch häufig für derartige Lebenslagen empfohlene Reaktion.

Anlaß zur Sorge gibt hier jedoch zweierlei: Zum einen, daß sie meint, sie sei nicht anziehend genug für ihren Freund gewesen und könne ihn folglich durch eine Steigerung ihrer Attraktivität wieder für sich gewinnen. Dahinter steckt der Gedanke »Wenn ich schön bin, werde ich geliebt – und wenn ich mich auch noch für meine Schönheit quäle (im Fitneßstudio), habe ich diese Liebe auch verdient«. Die damit einhergehenden Minderwertigkeitsgefühle und Selbstbestrafungstendenzen entsprechen dem typischen Denkschema eines Menschen mit einer depressiven Verstimmung.

Wenn Frau K. Ruhe finden würde, käme womöglich Angst in ihr auf. So begibt sie sich in die Spirale aus Leistung und Erfolg, was ihren weiteren beruflichen Aufstieg und damit die Notwendigkeit, noch mehr zu leisten, nach sich zieht. Ihr Leben ist völlig auf diesen Erfolg und auf eine unermüdliche Leistungsbereitschaft ausgerichtet, auch im privaten Bereich. Die »Leistung«, einen Partner halten zu können, hat sie nun in ihren Augen nicht erbracht. Sie akzeptiert die Begründung des Freundes nicht, sondern glaubt, ihn durch noch mehr Leistung wiedergewinnen zu können – ein Teufelskreis, der Frau K. nicht helfen wird, den Trennungsschmerz zu überwinden, sondern der ihre seelische Unausgeglichenheit noch verstärkt.

II. »NOBODY IS PERFECT« – ODER DOCH?

Über die Bedeutung von Leistungsfähigkeit und den Zwang zu »funktionieren«

»Das funktioniert ja nicht!« Dieses Urteil ist eines der abwertendsten, das in einer technisch geprägten Welt ausgesprochen werden kann. Alles und jeder sollen »funktionieren«, und zwar reibungslos. Bei den meisten Menschen klappt das auch im großen und ganzen gut, jedenfalls meistens. Gelegentlich auftretende kleine Pannen werden in Kauf genommen – schließlich ist man keine Maschine. Einige Menschen können jedoch nur schlecht hinnehmen, daß ihnen Fehler unterlaufen. Sie haben einerseits einen unrealistisch hohen Anspruch an sich selbst und gleichzeitig die Tendenz, jeden kleinen Mißerfolg als Katastrophe und vor allem als Zeichen ihrer völligen Unfähigkeit anzusehen. Die Kombination dieser beiden negativen Denkansätze führt dazu, daß sich die schlechten Erfahrungen häufen – wer so denkt, wird kaum noch Erfolgserlebnisse haben. Einige Lebensbereiche, in denen diese Mechanismen gehäuft vorkommen, werden hier vorgestellt.

1. Wer keinen Erfolg im Beruf hat, ist nichts wert!

Ein Bereich, in dem sich der Drang nach Leistung und Erfolg besonders stark entfaltet, ist der Beruf. Das ist auch gut so, denn die Gesellschaft baut auf Leistungswillen und -fähigkeit des einzelnen. Vor allem bei Männern entsteht jedoch durch den Druck, die beruflichen Anforderungen jederzeit bestens zu erfüllen, gelegentlich eine Situation, die ihr seelisches Gleichgewicht gefährdet.

Menschen, die sich selbst für leistungsfähig halten, nehmen Herausforderungen meist gerne an. Sie wollen Karriere machen und sind überzeugt davon, daß sie es auch schaffen. Leider erreichen nicht alle das, was sie sich vorgenommen haben – sei es, weil die Ziele unerreichbar hoch gesteckt wurden, oder sei es, weil ungünstige Außenfaktoren sie daran hindern. Für die seelische Balance ist es wichtig, wie mit dem Mißerfolg umgegangen wird. Eine »gesunde« Reaktion wäre, nach anfänglichem Ärger den Vorgang zu analysieren und herauszubekommen, warum das Ziel nicht erreicht wurde. Vielleicht hat man sich ja zuviel in zu kurzer Zeit vorgenommen, und der »Dämpfer« verhilft einem zu einer realistischeren Einschätzung? Dann muß das Ziel nicht aufgegeben, sondern nur die Zeitvorgabe geändert werden.

Vielleicht haben widrige Umstände das Ziel in weite Ferne gerückt? Sind etwa die vorgegebenen Umsatzzahlen überhaupt nicht mehr erreichbar, weil die wirtschaftlichen Rahmenbedingungen sich geändert haben? In einem solchen Fall muß die Analyse ergeben, ob sich der persönliche Einsatz lohnt oder ob es sinnvoller ist, sich neu zu orientieren.

Muß man sich jedoch eingestehen, daß das Ziel von vornherein unrealistisch war, sollte man sich fragen, warum man die Meßlatte so hoch gelegt hat. Wieso hat man sich etwas vorgenommen, das über die eigenen Kräfte geht? Menschen, die zu depressiven Verstimmungen neigen, setzen sich häufig durch Vorgaben unter Druck, die sie unmöglich erfüllen können. Wie zu erwarten, erreichen sie dann das Ziel nicht. Ihr »Versagen« bestätigt sie in ihrem negativen Denkschema: »Ich kann eben nichts, ich bin schlechter als alle anderen, jeder schafft das außer mir – ich bin nichts wert.« Der – vorhersehbare – Mißerfolg festigt das Minderwertigkeitsgefühl und programmiert den nächsten Tiefschlag vor, denn in der Folge werden keineswegs die Anforderungen gesenkt, sondern im Gegenteil noch weiter in die Höhe geschraubt. »Zur Strafe« für das Versagen muß jetzt noch mehr gearbeitet, noch mehr geleistet werden. Auch dieser selbstquälerische Aspekt, der Züge einer gegen sich selbst gerichteten Aggression trägt, ist typisch für depressive Reaktionen.

Diesen Teufelskreis gibt es nicht nur im Beruf. Auch Hausfrauen oder Rentner können sich der verhängnisvollen Spirale aus zu hoch geschraubter Anforderung, nachfolgendem »Versagen« und Bestrafung durch weiteres Erhöhen der Meßlatte nicht immer entziehen. Frauen, die Beruf, Kinder und Haushalt unter einen Hut bringen sollen, geraten häufig in derartige Überforderungssituationen. Wenn beispielsweise der Ehemann oder die Großeltern der Berufstätigkeit der Frau kritisch gegenüberstehen, will diese allen beweisen, daß sie weder den Gatten noch die Kinder noch den Haushalt wegen ihres Jobs vernachlässigt. Die Frau verlangt von sich selbst, all ihre Pflichten perfekt zu erfüllen – und »nebenbei« auch noch eine attraktive Partnerin für ihren Mann zu sein. Dabei bleiben die Bedürfnisse und das seelische Gleichgewicht der Betroffenen auf der Strecke.

Auch auf dem Gebiet der Sexualität gibt es solche Leistungsvorstellungen. Insbesondere die männliche Potenz und Zeugungsfähigkeit werden als Leistungen angesehen, die es zu erfüllen gilt. Dieser Anspruch der Männer an sich selbst – und manchmal auch der Frauen an die Männer – führt dazu, daß das Selbstwertgefühl vieler Männer sehr stark von ihrer sexuellen Potenz abhängig ist. Steht es damit nicht zum besten, sinkt das Selbstwertgefühl auch in Bereichen, die mit der Sexualität überhaupt nichts zu tun haben. Läßt man Männer mit Potenzproblemen in psychologischen Fragebögen eine Selbsteinschätzung abgeben, so beurteilen sie sich durchweg negativer als Männer mit ungestörten Sexualfunktionen. Umgekehrt zweifeln Männer mit depressiver Verstimmung an ihrer sexuellen Leistungsfähigkeit bzw. stellen diese völlig in Abrede. Oft geht bei den betroffenen Männern und auch Frauen das sexuelle Interesse verloren.

2. Eine Frau muß schön sein – oder nicht?

Der Wunsch nach Schönheit, gutem Aussehen und Fitneß mündet ebenfalls häufig in der beschriebenen Spirale aus zu hohem Anspruch und frustrierendem Mißerfolg. Ein Paradebeispiel ist das Körpergewicht. Man schleppt ein paar Pfund Übergewicht mit sich herum und möchte sie gerne loswerden. Eine nicht allzu strenge Diät über mehrere Wochen oder eine Radikalkur in fünf Tagen, je nach Temperament, beheben das Problem, und kurz vor dem Urlaub paßt der Bikini wieder. Wenn es nicht klappt, ist es auch nicht so schlimm, notfalls wird ein neues Bekleidungsstück angeschafft.
Anders reagiert zum Beispiel ein seelisch labiler Mensch: »Eine Katastrophe! So wie ich aussehe, kann mich ja niemand mehr mögen. So kann ich mich unmöglich am Strand sehen lassen.« Man ist fünf Kilo über dem Idealgewicht, also wird »vorsichtshalber« eine Gewichtsabnahme von zehn Kilogramm angepeilt. Der dafür ins Auge gefaßte Zeitraum wird

völlig unrealistisch gewählt. Bereits die erste Zwischenkontrolle zeigt, daß das Ziel verfehlt wurde. Anstatt die Zielvorgabe nach unten zu korrigieren, wird per Rechenexempel ermittelt, um wieviel strenger die Diät werden muß, damit man das Idealgewicht doch noch erreicht.

Jeder Mißerfolg führt zu Frustration, die entweder durch besonders strenge Kasteiung oder durch eine heftige Diätsünde bekämpft wird. Letzteres ruft wiederum massive Schuldgefühle hervor: »Ich bin so undiszipliniert, nicht einmal die Diät kann ich einhalten! Ich halte überhaupt nichts durch, nichts klappt in meinem Leben!« Diese Tendenz zur negativen Verallgemeinerung findet man häufig bei Menschen mit stark reduziertem Selbstwertgefühl. Nach der tiefenpsychologischen Lehre sind die geringe Selbsteinschätzung und die Unfähigkeit zur Selbstliebe wahrscheinlich die Hauptursachen für depressive Verstimmungen.

3. Der »Fitneßwahn«

Der zum Schlankheitswahn übersteigerte Wunsch nach Attraktivität kann sich außer in extremen Diäten auch in übertriebener sportlicher Aktivität äußern. »Fitneß« gilt als wichtiger Teil der Attraktivität und steht für Jugend, Aktivität und Leistungsfähigkeit. Manche Menschen werden geradezu abhängig von körperlicher Betätigung und fühlen sich entsetzlich unwohl, wenn sie zur Ruhe gezwungen sind.

Bekannt geworden ist das »Jogger's High«, der Trancezustand, in den sich Läufer durch ausgiebiges Training versetzen können. Die Ausdauerleistung steigert die Produktion körpereigener Substanzen, die in ihrer Wirkung den Morphinen ähneln. Diese sogenannten Endorphine lösen rauschähnliche Gefühle aus, die zu einer gewissen Abhängigkeit führen können. Denkbar ist, daß Menschen mit einer labilen Psyche diese körpereigene, völlig natürliche Hormonproduktion nutzen, um ihr Stimmungstief selbst zu therapieren – im Prinzip ein sinnvoller Ansatz. Viele Menschen mit dieser speziellen Depressionsform, die nach der Kaiserin Sisi benannt ist, treiben übermäßig viel Sport und bevorzugen dabei besonders anstrengende Disziplinen. Bei Sisi selbst war dieses Symptom extrem stark ausgeprägt. Sport und Schönheitspflege nahmen fast ihren ganzen Tag in Anspruch.

Neben den stimmungsaufhellenden Substanzen, die der Körper bei Ausdauerleistungen produziert, scheint aber auch eiserne Disziplin bis hin zur Askese zu dieser Selbstbehandlung zu gehören. Das Gefühl, sich zu quälen, dem Körper und damit sich selbst Leistungen und Entbehrungen abzuverlangen, dämpft die innere Unruhe.

Manche Kunden von Fitneßstudios berichten einen ähnlichen Drang, immer mehr für den Körper zu tun, immer mehr Fett ab- und Muskulatur aufzubauen. Häufig kombinieren sie das exzessive Training auch noch mit speziellen Diäten. Dabei werden rational nur begrenzt nachvollziehbare, eher esoterisch anmutende Ernährungsweisen wie Trennkost oder zuckerfreie »Antipilzdiät« bevorzugt. Der hohe zeitliche Aufwand und der erforderliche Verzicht auf bestimmte Nahrungs- und Genußmittel passen gut zu dem Bemühen, Schuld- und Minderwertigkeitsgefühle wegen der vermeintlich unansehnlichen Figur »abzuarbeiten«. Dieser Drang kann bis zum Auftreten eindeutiger Eßstörungen gehen, unter denen Sisi ebenfalls litt. Sie bevorzugte tierische Nahrungsmittel, nahm zum Beispiel Fleischsaft, mit Milch verquirltes Eiweiß und ähnliche Speisen zu sich. Dem heutigen Zeitgeist entsprechen eher einseitig vegetarische Ernährungsformen. Das Ergebnis ist allerdings dasselbe. Zum Schönheitswahn gehört auch die Angst vor dem sichtbaren

Altern, die vor allem Frauen zu umfangreichen Kosmetikprogrammen treibt, die zeit- und kostenaufwendig sind. Auch hier lebte Kaiserin Sisi ihre Ängste ungehemmt aus. Je älter sie wurde und je mehr ihre Haut unter den rigiden Diäten und dem ausmergelnden Sport gelitten hatte, desto aufwendiger betrieb sie ihre Pflegeprogramme. Als sich das Alter nicht mehr verbergen ließ, versteckte sie ihr Gesicht hinter Schleier, Fächer und Schirm und präsentierte der Umwelt nur noch ihre jugendlich schlanke, sportgestählte Figur. »Nur wer jung aussieht und glatte Haut hat, ist schön, und nur wer schön ist, wird geliebt. Bin ich nicht schön und jung, liebt mich keiner mehr.« – So bestürzend einfach funktionieren die Denkstrukturen von Menschen mit geringem Selbstbewußtsein und depressiven Anwandlungen.

4. Perfektionismus: Wann wird er bedenklich?

Das Streben nach Erfolg, nach Schönheit und Anerkennung ist völlig normal. Es zu verdammen hieße, die wesentlichen Triebfedern menschlichen Handelns in Frage zu stellen. Daß viele Ziele nur mit Anstrengung und Mühe zu erreichen sind, ist ebenfalls selbstverständlich. Manche Menschen sind jedoch niemals mit ihrer Leistung zufrieden. Sie plagen sich ständig mit dem Gedanken herum, Fehler gemacht zu haben und den Anforderungen nicht gewachsen zu sein. Jedes kleine Versehen, jede kritische Bemerkung wird zur Katastrophe. Ein Mensch mit dieser Grundstimmung denkt nicht mehr: »Ich habe einen Fehler gemacht«, sondern: »Ich mache immer alles falsch«. Anstelle von »Das kann ich (noch) nicht« tritt »Ich kann überhaupt nichts, ich bin völlig unfähig«. Auf die eigene Attraktivität bezogen, lautet die Formel zum Beispiel »Ich bin häßlich« statt »Meine Nase ist etwas groß ausgefallen«.

Was ist die Ursache dieses übersteigert negativen Denkens? Dahinter steckt meistens ein sehr schwach entwickeltes Selbstbewußtsein. Wer im Grunde nicht viel von sich selbst und seinen Fähigkeiten hält, neigt dazu, jede Situation zu seinen Ungunsten auszulegen. Jede Kritik, jede Rüge, jede auch nur annähernd negative Bemerkung eines anderen ist für solche Menschen ein Beweis der eigenen Unfähigkeit.

Häufig entstehen daraus auch noch Schuldgefühle: »Weil ich so viele schlechte Eigenschaften habe und nichts zuwege bringe, bin ich eine schlechte Ehefrau und meinen Kindern keine gute Mutter.« – »Weil ich nichts tauge, bin ich arbeitslos geworden und kann meine Familie nicht mehr ernähren.« – »Weil ich nicht schön genug bin, liebt mich mein Mann nicht mehr.« – Die Liste derartiger Beispiele ließe sich beliebig verlängern, denn Menschen mit solch negativen Gedanken verfallen auf alle erdenklichen »Gründe«, aus denen etwas schiefgehen könnte.

5. Schlechte Tage hat doch jeder: der Unterschied zwischen Trauer und Depression

Natürlich erlebt jeder Mensch Tage oder auch etwas längere Phasen, in denen er solche Gedanken wälzt. Manchmal geht eben alles daneben, und es drängt sich der Eindruck auf, man bringe überhaupt nichts mehr zuwege. Natürlich rufen belastende Lebenssituationen wie Trennung oder Tod des Partners tiefe Trauer hervor. Ebenso unbestritten schlägt sich Arbeitslosigkeit auf die Stimmung. Das ist völlig normal und sollte auch keinesfalls unterdrückt werden. Trauer gehört zum Leben, und wer sie nicht auslebt, riskiert spätere seelische oder körperliche Beschwerden. Auch die »Betäubung« durch Alkohol oder Medikamente erleichtert die Trauer nicht. Der unterdrückte Schmerz bricht zu einem anderen Zeitpunkt durch, und die natürliche Abfolge der Trauerphasen ist behindert. Zwischen Trauer und depressiver Verstimmung gibt es Gemeinsamkeiten, aber auch ganz wichtige Unterschiede.

Die Gefühle selbst ähneln sich: Neben den Schmerz treten bei Trauer oft auch Schuldgefühle und Wut sowie das Gefühl der Verlassenheit, des Alleingelassenseins. Schließlich folgt seelische Erschöpfung. Man glaubt, nicht mehr zu können. Im Verlauf einer depressiven Verstimmung treten ähnliche Gefühle auf. Sie werden jedoch eher als Leere, als Sinnlosigkeit und mit dem Eindruck »nichts mehr empfinden zu können« beschrieben.

»Normale Trauer« verläuft in Phasen und klingt ab, auch wenn dies Jahre dauern kann. Die erste Trauerphase äußert sich häufig in einem Gefühl der Betäubung. Man nimmt die Umgebung kaum wahr und kann beispielsweise einen Verlust noch gar nicht richtig erfassen. Danach brechen heftige Gefühle aus. Jetzt ist die Zeit der Tränen und auch der Äußerungen verzweifelten Schmerzes. Darauf folgt eine Phase, in welcher der Trauernde sich gegenüber seinen Mitmenschen abschottet. Er – oder sie – ist auf sich selbst und den Verlust fixiert. Das Interesse an der Umgebung ist vorerst erloschen. Viele Trauernde wollen in dieser Phase in Ruhe gelassen werden. Trost erreicht sie kaum. Ist diese harte Zeit überstanden, beginnt allmählich wieder die Hinwendung zum Leben. Vorsichtig geht der Trauernde wieder auf seine Mitmenschen zu, anfangs noch häufig unterbrochen von Momenten starken Schmerzes und Stunden des Rückzugs. In dieser Phase sind Zuspruch von außen und Unterstützung bei neuen Aktivitäten sehr wichtig.

Nicht alle Phasen sind bei jedem Trauernden so genau erkennbar und so deutlich abgegrenzt. Auch ihre Dauer schwankt von Mensch zu Mensch beträchtlich. Manche brauchen ein »Trauerjahr«, anderen reicht diese Frist nicht. Dieser Zeitraum ist jedoch ein guter Richtwert. Ein ganzes Jahr mit allen Fest- und privaten Gedenktagen einmal zurückgezogen durchlebt zu haben ist für die meisten Menschen eine gute Grundlage für ihre weitere Zukunft.

Bei einer depressiven Verstimmung lassen sich keine derartigen Phasen erkennen. Hier schwankt die Stimmung je nach Tageszeit: Morgens geht es den Betroffenen meist schlechter als am Abend. Beginn und Ende einer depressiven Episode können abrupt und ohne jeglichen Zusammenhang zu äußeren Ereignissen eintreten. Selbstverständlich ist es möglich, daß es in einem Leben sowohl Trauer als auch Depression gibt, wie es das Beispiel der Kaiserin Elisabeth zeigt.

III. SISI – PORTRÄT EINER MODERNEN FRAU

Kaiserin Elisabeth von Österreich, die 1898 im Alter von 61 Jahren von einem Fanatiker ermordet wurde, verkörperte in vieler Hinsicht den Typus der modernen, aktiven Frau. Das allgemein von ihr verbreitete, süßliche Bild, das erst in jüngster Zeit einer sachlicheren Betrachtung gewichen ist, wird ihr nicht gerecht.

Vieles deutet aus heutiger Sicht darauf hin, daß Elisabeth sich jahrzehntelang in einer vergleichbaren Lage befand, wie sie in den vorangegangenen Beispielen dargestellt wurde. Als junge, lebensbejahende Frau gerät Sisi in eine Lebenssituation, in der ihre Energie und ihr Aktivitätsdrang nicht nur unerwünscht sind, sondern auch massiv behindert und beschnitten werden. Sie kämpft zunächst dagegen an, muß aber rasch die Ausweglosigkeit ihres Tuns erkennen. Da sie einerseits sehr empfindsam, andererseits von einem starken Freiheitsdrang beseelt ist, weicht sie fortan dem Hof und seinen strikten Verpflichtungen aus. Am stärksten leidet sie unter ihrer Schwiegermutter und Tante, der Erzherzogin Sophie, die all das verkörpert, was Sisi ablehnt und fürchtet.

Die unterforderte, gelangweilte und gleichzeitig an ihrer Entfaltung gehinderte junge Frau sucht sich andere Betätigungsfelder. Da ihr als Kaiserin in Wien enge zeremonielle Grenzen gesetzt sind, wählt sie eine individuelle Lebensgestaltung fernab vom Hof. Sie flüchtet aus der Hauptstadt, wann immer sich die Gelegenheit dazu bietet.

Glücklich wird Elisabeth mit dieser Lebensweise jedoch nicht. Ihre Reiselust schlägt um in Rastlosigkeit, ihr Spaß an körperlicher Betätigung nimmt die zwanghaften Züge einer selbstquälerischen Askese an. Unruhe und Ängste plagen sie immer wieder. Sie schläft schlecht, entwickelt Eßstörungen bis hin zur Magersucht und eine breite Palette unterschiedlichster körperlicher Beschwerden.

Die folgende kurze Darstellung einiger Lebensstationen und Gewohnheiten Elisabeths zeigt, wie ähnlich die »Märchenkaiserin« vielen Frauen der heutigen Zeit war: mit dem Widerstreit zwischen ihrer Energie und Aktivität auf der einen und den Schattenseiten ihrer Seele, den Ängsten und Zwängen auf der anderen Seite. Sisis Leben war geprägt von dem Bemühen, mit ihrem im Grunde positiven Wesen und all ihrer Energie gegen die ungünstigen äußeren Umstände und die düsteren Seiten ihres Lebenswegs anzukämpfen. Diesen Kampf um ihre innere Balance führte sie fast ihr ganzes Leben lang.

Aus der Erkenntnis von Kaiserin Elisabeths seelischer Unausgeglichenheit entstand die Idee, eine bestimmte Form der depressiven Verstimmung nach Sisi zu benennen. Mit Sisi-Syndrom bezeichnet man eine depressive Verstimmung, bei der der Betroffene sich seiner gedrückten Grundstimmung und seinen Ängsten nicht hingibt, sondern aktiv dagegen ankämpft. Dieser Begriff wird in Zukunft im Roche-Lexikon für Medizin offiziell geführt.

1. Sisis Jugendjahre

Den meisten Beschreibungen zufolge soll Elisabeth eine unbeschwerte Kindheit in München und am Starnberger See verbracht haben. Die Eltern, Herzog Maximilian und Ludovika in Bayern, führten mit ihren acht Kindern ein bescheidenes, fast bohèmehaft zu nennendes Leben ohne jedes höfische Zeremoniell.

Im Alter von 15 Jahren verlobte sich Elisabeth mit ihrem Cousin, dem jungen Kaiser Franz Joseph von Österreich. Dieser sollte eigentlich Elisabeths ältere Schwester Helene heiraten, entschied sich aber für die jüngere. Sisi selbst war ursprünglich nach dem Willen ihrer Mutter Ludovika, die eine Schwester von Franz Josephs Mutter Sophie war, für den jüngeren Bruder des Kaisers bestimmt. Die beiden Schwestern Ludovika und Sophie wurden in ihrer Jugend ebenfalls ohne Rücksicht auf ihre Gefühle verheiratet und lebten noch ganz in der Tradition des 18. Jahrhunderts – politische Interessen rangierten weit vor den Liebesvorstellungen der heiratsfähigen Prinzessinnen. Elisabeth soll der Verbindung mit dem Kaiser anfangs nicht ablehnend gegenübergestanden haben. Bald aber schon äußerte sie sich dahingehend, daß ihr Franz Joseph noch besser gefallen würde, wenn er kein Kaiser wäre.

2. Die Heirat

Die Ehe von Elisabeth und Franz Joseph ist allen Berichten zufolge nur wenige Jahre glücklich gewesen, obwohl der Kaiser seine Frau vergötterte und ihr lange Zeit keinen Wunsch abschlagen konnte.

Die Schwierigkeiten, mit denen Elisabeth am kaiserlichen Hof zu kämpfen hatte, begannen schon während der Hochzeitsfeierlichkeiten. Sie soll unmittelbar vor der Gratulationscour des Hofstaats angesichts der Menge unbekannter Menschen in Tränen ausgebrochen sein und in Panik den Saal verlassen haben. Rückschauend betrachtet, war dies möglicherweise das erste Alarmsignal für Sisis Verlust des seelischen Gleichgewichts, für die Ängste, die Verstimmungen und zwanghaften Handlungen der folgenden Jahre.

Schon zwei Wochen nach der Hochzeit verfaßte Sisi verzweifelte Verse, in denen sie sich gefesselt im Kerker sieht und den Verlust ihrer Freiheit beklagt. Nur widerwillig unterwarf sie sich der Etikette des Kaiserhofs, ohne jemals alle Regeln anzuerkennen. Sie litt unter Heimweh und entwickelte rasch eine Fülle von Leiden, die eigentlich nicht zu dem bisher gesunden Landkind paßten. Auch von Angstattacken, zum Beispiel in engen Räumen, wird berichtet. Kurz nach der Eheschließung wurde Sisi bereits schwanger. Die Schwangerschaft machte der eher zarten Sechzehnjährigen sehr zu schaffen. Die Schwiegermutter riß zudem alle Vorbereitungen für das erwartete Kind an sich, bestimmte die Kinderfrau und richtete das Kinderzimmer in der Nähe ihrer eigenen Räume ein, weit weg von Sisis Gemächern. Elisabeth wurde gegängelt wie ein kleines Mädchen. Sie sollte lediglich repräsentieren und einen Thronfolger gebären.

Der Kaiser liebte zwar seine junge Frau, war aber durch die schwierige politische Lage, die durch den Krimkrieg ruinierten Staatsfinanzen und den Konflikt mit Frankreich, sehr angespannt und hatte wenig Zeit für seine Familie. Außerdem wagte er es nur selten, sich gegen seine Mutter durchzusetzen, die als seine politische Vertraute großen Einfluß auf ihn ausübte. Sisi war der Schwiegermutter und deren dauernder Bevormundung ungeschützt ausgeliefert. Ihre eigenen Interessen, Literatur und Geschichte, galten bei Hofe nicht viel.

3. Die erste Flucht: Madeira

1856 brachte Elisabeth ein zweites Kind zur Welt, die Tochter Gisela. 1857 starb Sophie, ihre Erstgeborene. In diesen Jahren muß es viele Auseinandersetzungen mit der Schwiegermutter um den Aufenthaltsort und die Erziehung der Kinder gegeben haben. Der Tod der ältesten Tochter wurde Elisabeth von der Schwiegermutter angelastet, da Sisi das zweijährige Mädchen gegen den Willen der Schwiegermutter auf eine Reise nach Ungarn mitgenommen hatte. Nach dem Tod von Sophie, von dem sie sich lange nicht erholte, gab Elisabeth den Kampf um die Kinder auf. Auch der 1858 geborene Kronprinz Rudolf wurde nach den Vorgaben der Großmutter erzogen.

1859 zog Kaiser Franz Joseph nach Italien in den Krieg. Seinen Briefen zufolge machte er sich sehr große Sorgen um seine ständig weinende, zu dieser Zeit sicher eindeutig depressive Ehefrau. Nach seiner Rückkehr kam es zu einer ersten Ehekrise, da einerseits Gerüchte über Liebschaften des Kaisers kursierten, andererseits Elisabeth damit begann, sich auf Privatbällen zu amüsieren. Im Herbst 1860 entwickelte Kaiserin Elisabeth ein bedrohliches Lungenleiden. Ihre wiederholten Nervenkrisen und ihre ständigen Hungerkuren mögen einiges zur Verringerung ihrer Widerstandskraft beigetragen haben.

Da die Ärzte eine Klimaveränderung vorschlugen, reiste Sisi nach Madeira. Sie blieb dort beinahe ein halbes Jahr lang. Weit entfernt vom Hof und in dem milden Klima besserte sich ihr Befinden rasch, verschlechterte sich aber bereits wenige Tage nach ihrer Rückkehr nach Wien im Mai 1861 wieder. Elisabeth litt unter Schlaflosigkeit, Weinkrämpfen, Appetitlosigkeit bis hin zum Widerwillen gegen Speisen, Fieber und Husten.

4. Die zweite Flucht: Korfu

Bereits nach kurzer Zeit kehrte Elisabeth Wien erneut den Rücken. Diesmal war Korfu ihr Ziel. Dort erfreute sie sich besserer Gesundheit, kränkelte jedoch wieder, als sie auf Wunsch des Kaisers den Winter in Venedig verbringen mußte. In dieser Zeit soll Elisabeth durch Wassereinlagerung bedingte, dick geschwollene Beine gehabt haben. Möglicherweise handelte es sich dabei um sogenannte Hungerödeme, die bei starker Auszehrung entstehen. Sisi unterzog sich nach wie vor extremen Hungerkuren. Ihre Stimmungslage war gedrückt, und sie machte sich viele Vorwürfe, daß sie Franz Joseph keine gute Ehefrau und ihren Kindern keine gute Mutter sei.

Von Venedig reiste sie im Mai 1862 direkt nach Bad Kissingen zur Kur, die auch tatsächlich erfolgreich war. Die Diagnose lautete »Wassersucht«, und sie wurde von einem Münchner Arzt behandelt, der Sisis Familie und ihre Lebensgeschichte gut kannte. Die Rückreise nach Wien schob Sisi allerdings durch einen ausgedehnten Aufenthalt im Elternhaus in Possenhofen so lange wie irgend möglich hinaus. Erst auf das Drängen ihres Vaters kehrte sie im August 1862 zu ihrem Ehemann an den Hof zurück.

Während der langen Abwesenheit aus Wien hatte Elisabeth sich verändert. Sie war anscheinend selbstbewußter geworden und setzte nun ihre Interessen energisch durch. So besuchte sie etwa ein Konzert Richard Wagners, der damals alles andere als ein etablierter Musiker war. Der Kaiser behandelte seine Frau mit Glacéhandschuhen und ließ sie gewähren, um eine weitere rufschädigende Flucht aus Wien zu verhindern. Sisis innere Unruhe hatte sich allerdings nicht vollständig gelegt. Sie trieb weiterhin viel Sport, ritt jeden Tag und machte lange, einsame Spaziergänge. Die nächste Krise wurde durch die Sorge um den Sohn Rudolf ausgelöst, einen sensiblen und häufig kränkelnden Knaben. Er sollte in der Tradition der Habsburger, nach dem Willen des Vaters und der Großmutter, zu einem Soldaten erzogen werden. Dazu eignete er sich allerdings überhaupt nicht. Die Ausbildung durch einen harten, grausamen Erzieher vergrößerte die seelischen und körperliche Nöte des Jungen. Elisabeth stellte schließlich 1865 ihren Ehemann vor die Alternative, entweder auf diesen Erzieher oder auf sie selbst zu verzichten. Sie forderte schriftlich die alleinige und unumschränkte Vollmacht in allen Belangen, die die Kinder betrafen. Und sie verlangte, künftig ihren Aufenthaltsort und ihre Umgebung unumschränkt selbst bestimmen zu können.

5. Stärke und Unabhängigkeit

Diese »Unabhängigkeitserklärung«, elf Jahre nach ihrer Eheschließung, markiert einen wesentlichen Abschnitt im Leben Elisabeths. Statt sich in Krankheit, Tränen und Abwesenheit zu flüchten, ging sie nun in die Offensive. Sie setzte sich nicht nur gegen ihren Ehemann, sondern auch gegen ihre Schwiegermutter durch. Der Kronprinz erhielt einen anderen Erzieher, einen liberalen Mann, der Elisabeths Vertrauen genoß.
In diesen Jahren engagierte sich Elisabeth auch politisch. Sie setzte sich für die Ungarn ein und erlernte sogar die ungarische Sprache. Mit diesem Engagement machte sie sich zwar keineswegs nur Freunde, aber 1867 kam es doch zum Ausgleich mit Ungarn, und Elisabeth wurde im August 1867 in Budapest zur Königin von Ungarn gekrönt. In dieser Zeit war der ungarische Graf Andrássy ihr ständiger Begleiter, mit dem sie sich zum Entsetzen des Hofs andauernd auf ungarisch unterhielt. Obwohl sie sich in Budapest wohl zu fühlen

schien, erkrankte sie wieder an Husten, Weinkrämpfen und Schwäche und konnte daher nicht alle ihre offiziellen Verpflichtungen erfüllen.

Sie blieb Ungarn aber sehr verbunden und wollte bereits im folgenden Sommer ihre übliche Kur statt in Bad Kissingen am Plattensee machen. In den folgenden Jahren verbrachte sie viel Zeit in Ungarn.

1868 bekam Elisabeth mit 31 Jahren in Budapest ihr viertes Kind, die Tochter Marie Valerie. Im Unterschied zur Erziehung der drei älteren Kindern duldete sie diesmal keinerlei Einmischung ihrer Schwiegermutter, sondern nahm getreu ihrer »Unabhängigkeitserklärung« die Pflege und Erziehung des Mädchens selbst in die Hand.

In dieser Zeit soll Elisabeths oft gerühmte Schönheit erblüht sein. Als Mädchen und junge Frau war diese noch kaum zu erkennen gewesen. In den ersten Ehejahren wirkte sie wegen ihrer Hungerkuren und Nervenkrisen eher ausgemergelt, blaß und »blutarm«. Außerdem war sie sehr unsicher, was ihrem Auftreten nicht zugute kam. Durch ihre strikte Diät und ihr ausgedehntes Sportprogramm hielt sie zwar ein Gewicht von etwa 50 Kilogramm und war bei einer Größe von 1,72 Meter damit überschlank, wirkte aber sehr anmutig. Besonders ihre auch nach vier Geburten noch unveränderte Wespentaille war berühmt und wurde von ihr auch durch die Kleidung stets betont.

6. Selbstbewußtsein durch Schönheit?

In diesen Jahren trug Elisabeths außergewöhnliche Erscheinung offenbar viel zu ihrem Selbstbewußtsein bei. Sie erhielt mit eiserner Disziplin ihre Figur und trieb insbesondere mit ihrem Haar einen wahren Kult. Es reichte ihr bis zu den

Fersen, wurde kastanienbraun gefärbt und alle drei Wochen mit einer aus Cognac und Ei zubereiteten Emulsion gewaschen. Diese Prozedur soll einen ganzen Tag in Anspruch genommen haben. Auch das tägliche Frisieren und Pflegen dauerte jeweils drei Stunden. Eine vom Burgtheater engagierte Friseurin erfand die komplizierten Flechtfrisuren, die Elisabeth auf fast allen Porträts trägt. Da die Kaiserin regelmäßig mit Zornausbrüchen reagierte, wenn ihr ein Haar ausging, soll die Friseurin die in Kamm und Bürsten hängengebliebenen Haare mittels eines Klebebands unter ihrer Schürze versteckt haben.

Auch ihrer Hautpflege widmete Elisabeth sehr große Aufmerksamkeit. Nächtliche Gesichtsmasken, häufige Ölbäder und feuchte Wickel sollten den Alterungsprozeß aufhalten. Die meisten Sorgen machte sie sich aber um die Erhaltung ihrer schlanken Figur – die berühmte Wespentaille – und um ihre körperlichen Elastizität.

Die Historikerin Brigitte Hamann, eine renommierte Kennerin von Elisabeths Leben, beschreibt Sisis Tagesablauf folgendermaßen:

»Sisis Tagesablauf in den 70er und 80er Jahren war ungewöhnlich für eine Kaiserin: Aufstehen im Sommer gegen fünf, im Winter gegen sechs Uhr. Dann ein kaltes Bad und eine Massage. Anschließend Turnen und Gymnastik, ein karges Frühstück, manchmal mit der jüngsten Tochter Valerie, dann Frisieren. Diese Zeit nützte sie zum Lesen und Briefeschreiben, auch zum Ungarischstudium. Dann kam das Ankleiden – entweder in das Fechtkostüm, wenn sie fechten wollte, oder in das Reitkostüm, wenn es zum Training in die Reitschule ging. Mit all diesen Tätigkeiten war der Vormittag ausgefüllt. Das Essen dagegen, oft nur aus ein wenig Fleischsaft bestehend, war in wenigen Minuten beendet. Nach dem Imbiß ein mehrstündiger Spaziergang, besser gesagt ein Gewaltmarsch in großem Tempo in Begleitung einer gehtüchtigen Hofdame. Gegen 17 Uhr neuerliches Umkleiden und Frisieren, dann kam Marie Valerie zum Spielen. Wenn es gar nicht anders ging, erschien Elisabeth gegen 19 Uhr zum Familiendiner – und sah dort ihren Mann meistens das einzige Mal am Tag. Diese Zusammenkunft dauerte aber nicht lange. Denn Elisabeth zog sich so bald wie möglich zurück – zum täglichen Plausch mit der Freundin Ida Ferenczy, die die Kaiserin auch für das Schlafengehen herrichtete und ihr die Haare löste.«

(B. Hamann, Elisabeth – Kaiserin
wider Willen. München 1995)

7. Der Kampf gegen das Altern

Elisabeth empfand jede offizielle Verpflichtung als lästige Störung dieses Ablaufs. Sie widmete sich ausschließlich der Sorge um ihre Schönheit und kümmerte sich um ihre Tochter Valerie. Für Pflichten gab es keinen Platz in ihrem Leben. Mit zunehmendem Alter wurden ihre Diäten und körperlichen Exerzitien immer strenger. In allen Schlössern, die sie bewohnte, ließ sie Turnräume einrichten. Bei der geringsten Alterserscheinung, die sie an sich feststellte, steigerte sie ihr Trainingsprogramm. Dies führte dazu, daß sie sich auch mit 40 und 50 Jahren – einem Alter, in dem die Damen dieser Epoche längst unbewegliche Matronen waren – noch mit großer Anmut und Geschmeidigkeit bewegte. Sie nahm regelmäßig an Jagden teil und ritt hervorragend. Mehrere Jagdreisen nach Irland waren ihr eine willkommene Gelegenheit, um sich vom Hof entfernen zu können. Im Jahr 1883 hatte sie bei einem Besuch in Heidelberg einen Fechtmeister kennengelernt. Umgehend erweiterte sie ihr Sportprogramm um das Fechten und nahm mehrmals pro Woche Fechtstunden.

Die Zeitgenossen haben ihre eleganten Bewegungen in ihren Berichten immer wieder hervorgehoben und gemeinsam mit ihrer schlanken Figur als besonders bewundernswerten Aspekt ihrer Schönheit beschrieben. Sie soll bei ihren öffentlichen Auftritten damals wie eine entrückte, unerreichbare Elfenkönigin gewirkt haben – und dies, obwohl sie mit 37 Jahren bereits Großmutter wurde. Ihre älteste Tochter Gisela hatte Sisi, wie es ihre Mutter mit ihr selbst praktiziert hatte, schon mit 16 Jahren verheiratet.

Doch bei aller Schönheit fehlte es Sisi an Lebensfreude. Nach außen erschien sie sehr ruhig und hoheitsvoll, innerlich war sie jedoch distanziert. Sie benutzte ihre Schönheit dazu, andere Menschen auf Distanz zu halten und ihren Ehemann unter Druck zu setzen. So, wie sie sich in den ersten Ehejahren hinter Krankheiten versteckt hatte, verbarg sie sich nun hinter ihrer strahlenden Erscheinung und herrschaftlichen Attitüde. Echtes Selbstbewußtsein scheint sie nicht entwickelt zu haben, auch wenn sie ihrem Mann und ihrer Schwiegermutter gegenüber selbstsicherer auftrat. Manchmal legte sie auch Züge von Arroganz und Unnahbarkeit an den Tag, um ihre bis zur Sprachlosigkeit gehende Menschenscheu zu überspielen.

Bereits in den siebziger Jahren muß diese Menschenscheu Ausmaße angenommen haben, die ihr ein gesellschaftliches Leben fast unmöglich machten. Sie flüchtete, wenn ein Höfling sie anzusprechen drohte, und erlitt Schweißausbrüche, wenn jemand sie ansah, von dem sie glaubte, er sei ihr nicht zugetan. Auf ihren Spaziergängen führte sie stets einen großen Fächer mit, hinter dem sie ihr Gesicht versteckte. Wenn sie jemanden auf sich zukommen sah, änderte sie ihre Route.

8. Die Katastrophe von Mayerling

Der Winter 1888/89 wurde zur Katastrophe für Elisabeth. Weihnachten verlobte sich ihre jüngste Tochter, die sie trotz der älteren Kinder ihre »einzige« nannte. Elisabeth hatte die Verlobung so lange wie möglich hinausgezögert, denn sie empfand den Verlust von Valerie als bedrohlich.

Am 30. Januar 1889 erschoß der seit 1881 verheiratete Kronprinz Rudolf zunächst seine junge Geliebte, Baronesse Mary Vetsera, und anschließend sich selbst. Die Tragödie traf die kaiserliche Familie völlig unerwartet. Elisabeth erfuhr als erste davon und soll die Situation mit großer »Disziplin und Gefaßtheit« (Hamann) bewältigt haben. Um eine kirchliche Bestattung des Thronfolgers zu ermöglichen, mußte ein ärztliches Attest erstellt werden, das ihn für »geisteskrank« erklärte. Aus heutiger Sicht litt Kronprinz Rudolf seit seiner Jugend an einer Depression, die durch eine unglückliche Ehe und seine Vorahnungen der fraglichen politischen Zukunft Österreich-Ungarns verstärkt wurde. Nachdem sich Elisabeth anfangs »tapfer gehalten« hatte (Hamann), verschlechterte sich ihr Zustand im Frühjahr 1889. Sie wurde immer melancholischer, grübelte stundenlang und machte sich Vorwürfe, ihr »Wittelsbacher Blut« habe die geistige Verwirrung ihres Sohnes ausgelöst. Ihre esoterischen Neigungen nahmen zu. Sie versuchte, in der Kapuzinergruft spiritistischen Kontakt zu dem verstorbenen Rudolf aufzunehmen und entfernte sich weit von ihrem katholischen Glauben. Die nervliche Anspannung wuchs, und ihre Stimmung wurde trostlos. 1890 starb nach schwerem Leiden auch ihr langjähriger ungarischer Freund, Graf Gyula Andrássy, wenige Monate später Elisabeths ältere Schwester Helene. Nach all diesen Schicksalsschlägen verschenkte Elisabeth ihre gesamte Garderobe bis auf die Trauerkleider und trug bis an ihr Lebensende kein farbiges Kleidungsstück mehr.

9. Elisabeths letzte Jahre

Nachdem ihre jüngste Tochter Valerie geheiratet und sich dadurch zwangsläufig von ihr entfernt hatte, fühlte Elisabeth sich völlig allein. Sie war nun Mitte 50, und aufgrund ihrer asketischen Lebensweise wirkten ihre Haut und ihr Gesicht relativ alt und faltig. Es gebe nichts »Grauslicheres«, als nach und nach zur Mumie zu werden, schrieb sie und verbarg ihr Gesicht stets hinter einem Schleier, einem Fächer und einem Schirm. Sie ließ sich auch nicht mehr porträtieren. Alle Abbildungen von Elisabeth aus diesen Jahren entstammen der Phantasie des Künstlers, nicht aber dem realen Anblick seines Modells.

Die Kaiserin verließ Österreich nun bei jeder Gelegenheit. Wenn sie sich in Wien aufhielt – was in den neunziger Jahren nur wenige Wochen im Jahr der Fall war –, bewohnte sie nicht mehr die Hofburg, sondern die abgeschiedene Hermesvilla in Lainz. In der Zwischenzeit reiste sie rastlos umher. Ihre bevorzugten Ziele waren die Griechischen Inseln und Süditalien, später auch die Riviera und die Schweiz. Auf Korfu ließ Elisabeth einen Palast, das Achilleion, erbauen. Doch als dieser fertig war, zog es sie bereits wieder fort.

Immer wieder kursierten in diesen Jahren Meldungen über eine angebliche »Geisteskrankheit« Elisabeths in der Presse, bei denen häufig auch auf den toten Kronprinzen und auf den ebenfalls menschenscheuen und schwierigen König Ludwig II. von Bayern, den unter mysteriösen Umständen umgekommenen Lieblingscousin Elisabeths, verwiesen wurde. Einen Unterschied zwischen »Geisteskrankheiten«, also schizophrenen Psychosen, und der hier vorliegenden Depression machte man im vergangenen Jahrhundert nicht. Die Meinung der bayerischen Verwandten über Elisabeth faßte die bayerische Hofdame Marie von Redwitz zusammen. Sie schrieb, Elisabeth sei von jeher merkwürdig gewesen und sei ganz ihren Grillen und Wünschen gefolgt. Jetzt seien noch Melancholie und Menschenscheu hinzugekommen. »Wer von begabten Menschen, die uneingeschränkt Freiheit genießen, ist ganz normal? Die Kaiserin war, wie wir alle, das Produkt der Verhältnisse.« (zitiert nach B. Hamann).

Auch in ihren letzten Lebensjahren hielt die Kaiserin weiterhin ihre strenge Diät. Sie lebte überwiegend von Milch und Eiern, gelegentlich aß sie ein Eis. An körperlichen Symptomen soll in dieser Zeit ein Herzleiden bestanden haben, außerdem klagte sie wieder über geschwollene Knöchel. Ob diese körperlichen Beschwerden durch das chronische Hungern oder die nachlassende Herzleistung bedingt waren, ist nicht zu klären. Elisabeth wog noch knapp 47 Kilogramm.

Den Winter 1897/98 verbrachte die sechzigjährige Sisi an der Französischen Riviera. Sie schrieb ihrem Mann, sie fühle sich, als ob sie 80 Jahre alt sei. Gegenüber ihrer Tochter Valerie, die als einzige Angehörige eine glückliche Ehe führte, sprach sie mehrfach vom Tod. Den Sommer 1889 verbrachte Elisabeth in Ischl und Bad Nauheim, um von dort in die Schweiz zu fahren. Bei der Abreise aus Ischl sah sie ihren Ehemann zum letzten Mal. Ihre Stimmung blieb den ganzen Sommer über gedrückt. Am 10. September 1898 wurde Elisabeth auf dem Weg zur Schiffsanlegestelle in Genf von dem italienischen Anarchisten Luigi Lucheni mit einer Feile erstochen.

10. Von Elisabeths Lebensgeschichte zum Sisi-Syndrom

Die Lebensgeschichte von Kaiserin Elisabeth zeigt in vielen Punkten, daß Sisi an einer depressiven Verstimmung gelitten hat. Ein klassisches Zeichen der Depression, die melancholische Grundstimmung, war bei Sisi jahrzehntelang vorhanden, das ist eindeutig nachweisbar. Dazwischen lagen Zeiten, in denen es ihr besser ging. Auch dieser episodische Verlauf ist typisch für eine Depression.

Zwei andere Hauptsymptome, die Apathie und Antriebslosigkeit, finden sich bei Sisi allerdings nicht. Im Gegenteil, das Leben der Kaiserin war geprägt von Rastlosigkeit. Sie trieb Sport bis zur totalen Erschöpfung, reiste unermüdlich durch Europa und füllte ihren ganzen Tag mit Aktivitäten an. Die Verbissenheit, mit der sie ihre körperlichen Übungen betrieb, die eiserne Disziplin, die sie bei ihrer Diät und Schönheitspflege an den Tag legte, und die Bedeutung, die sie ihrer äußeren Erscheinung beimaß, erscheinen übersteigert und – im körperlichen wie im seelischen Sinne – ungesund. Das Beispiel Sisi zeigt deutlich, wo die Grenze zwischen gesunder Aktivität, Freude an der Bewegung und am eigenen Erscheinungsbild einerseits und einer fast zwanghaft wirkenden Beschäftigung mit dem Körper und dem Kampf gegen sein Älterwerden andererseits verläuft.

Sisi bezog einen viel zu großen Teil ihres ohnehin schwachen Selbstbewußtseins aus ihrer – hart erkämpften – Schönheit. Der immense Aufwand, den sie trieb, um diese zu erhalten, ist daher auch als eine Art Selbsttherapie ihrer tiefen Unsicherheit zu verstehen und resultierte aus folgender Logik: Solange sie schön blieb, war sie als Frau »etwas wert«, wurde sie geliebt und bewundert. Folglich mußte sie ihr Leben lang schön bleiben oder später ihre schwindende Schönheit hinter Schleiern verstecken, da sie sonst womöglich die Liebe der Menschen hätte verlieren können. Derartige negative Denkansätze, die von einem sehr schwachen Ich zeugen, finden sich bei depressiven Menschen fast immer.

Zu diesen auffälligen Verhaltensweisen kamen noch Angstzustände hinzu. Diese beiden Symptome sowie die bei Sisi ebenfalls vorhandenen Eßstörungen sind eng mit depressiven Verstimmungen verknüpft. Sisi bekam eine Panikattacke, als sie in einem Saal vor lauter Fremden repräsentieren sollte. Sie litt an Angstzuständen in engen Korridoren und an extremer Menschenscheu. Diese Art von Ängsten bedeutet nicht, daß jemand grundsätzlich ängstlich sein muß. Sisi war eine kühne Reiterin, die auch vor großen Sprüngen mit ihrem Pferd nicht zurückschreckte, und eine waghalsige Turnerin.

Auch Sisis körperliche Beschwerden passen zur Diagnose Depression. Kopfschmerzen, »Nervenkrisen«, Weinkrämpfe, ein schwer behandelbarer, unerklärlicher Husten, Appetitlosigkeit und ausgeprägte Menstruationsbeschwerden, die sie auch offen als Begründung angab, um sich Verpflichtungen zu entziehen, kommen bei depressiven Verstimmungen häufig vor.

11. Was wäre heute anders?

Inzwischen weiß man weit mehr über depressive Verstimmungen als im letzten Jahrhundert. Niemand muß sich heute mehr jahrelang mit einer so belastenden Mischung aus trüber Grundstimmung, Ängsten und körperlichen Beschwerden plagen, wie Sisi sie erlebt und durchlitten hat. Unruhe und Rastlosigkeit waren bei ihr die Folge ihres seelischen Ungleichgewichts. Allerdings werden auch in der Gegenwart depressive Verstimmungen vom Typ des Sisi-Syndroms oft erst mit Verzögerung diagnostiziert, denn die Patienten entsprechen wegen ihrer Aktivität nicht dem klassischen Bild des antriebslosen, depressiven Menschen. Die hier beschriebene Form der Depression ist noch nicht allen Ärzten bekannt genug, um ihr Augenmerk frühzeitig darauf zu lenken. Auch dies war einer der Gründe, um den griffigen Namen »Sisi-Syndrom« dafür zu wählen.

Doch nicht allein die Diagnose hat sich geändert. Sisi wäre ihrem Leiden auch nicht mehr hilflos ausgeliefert. Bereits seit über 30 Jahren stehen Medikamente zur Verfügung, um depressive Verstimmungen zu behandeln. Anfangs konnte man damit nur die melancholische Stimmung aufhellen und die Antriebslosigkeit mindern. Inzwischen gibt es Medikamente aus der Wirkstoffgruppe der sogenannten »selektiven Serotonin-Wiederaufnahmehemmer«, die gleichzeitig gegen die Angst- und Zwangssymptome wirksam sind, zum Beispiel den Wirkstoff Paroxetin. Ein einziges Medikament könnte also heute viele von Sisis Beschwerden lindern – dadurch wären zwar die depressionsfördernden Lebensbedingungen am Wiener Hof nicht zu ändern gewesen, aber Sisi hätte eine Chance gehabt, sich mit diesen besser zu arrangieren oder eine Entscheidung gegen sie zu treffen, anstatt so stark unter ihnen zu leiden.

IV. WAS IST DAS SISI-SYNDROM?

Die Patienten, die bisher in diesem Buch vorgestellt wurden, haben, einschließlich Kaiserin Elisabeth, manches gemeinsam. Alle sind aktive, energiegeladene Menschen, die ihr Leben in die Hand genommen haben. Ebenso unübersehbar ist aber, daß bei allen mindestens einmal im Leben eine Situation aufgetreten ist, in der ihr seelisches Gleichgewicht nachhaltig gestört war. Während Frau B. beim Weggang ihrer Kinder und Frau K. nach dem Auszug ihres Freundes akute seelische Krisen zu bewältigen hatten, kämpften Herr S. und Kaiserin Sisi mehrfach und über einen längeren Zeitraum mit psychischen Problemen.

In Wirklichkeit ist das Geschlechterverhältnis übrigens nicht ganz so extrem, wie es die aufgeführten Beispiele vermuten lassen. Beim klassischen Erscheinungsbild der Depression rechnet man heute etwa mit einem erkrankten Mann pro zwei erkrankten Frauen, aber die neuesten Zahlen zeigen eine stetige Entwicklung zu einem fast ausgeglichenen Verhältnis zwischen den Geschlechtern. Für das Sisi-Syndrom gibt es noch keine entsprechenden Daten, aber da das aktive Angehen aller Probleme ein traditionell männliches Verhaltensmuster ist, läßt sich vermuten, daß der Männeranteil bei dieser Form der Depression eher noch höher ist als bei der weinerlich-depressiven Verstimmung.

Ähnlich ist bei den vorgestellten Personen ferner die Art und Weise, wie sie mit den Krisen umzugehen versuchen. Sie spüren, daß die Seele ihre Balance verloren hat, aber sie geben nicht auf. Düstere Gefühle und schwarze Stunden werden bekämpft. Diesen Kampf führen sie allein, ohne Hilfe von außen. Keiner der vier Betroffenen wartet auf Unterstützung von Partnern, Angehörigen oder Freunden. Alle handeln nach der Volksweisheit »Wenn du eine helfende Hand suchst, schau am Ende deines Armes«. Jahrzehntelang geht Sisi, die von den vier genannten Beispielen mit der weitaus heftigsten und langwierigsten Depression zu ringen hatte, allein gegen ihre gedrückte Grundstimmung an. Dies ist typisch: Man hält die »schlechte Stimmung« für eine Schwäche, mit der andere nicht behelligt werden sollen. Der Gedanke, daß es sich um eine Krankheit handeln könnte und daher Hilfe vonnöten sei, kommt den meisten Patienten erst sehr spät.

Das wichtigste Rezept lautet bei allen vier Betroffenen: Aktivität. Sich nicht hängen zu lassen, den Körper und den Geist nicht nur zu beschäftigen, sondern sich in beiden Bereichen Leistungen abzuverlangen. Die Meßlatte für diese Leistungen wird besonders hoch gelegt, in vielen Fällen zu hoch. Daß gerade Menschen mit getrübter Grundstimmung dazu neigen, sich zuviel vorzunehmen, und welche Folgen dies hat, wurde bereits beschrieben.

1. Unruhe und Rastlosigkeit

Die innere Unruhe, die sich in rastloser Aktivität, in Hektik und wechselnden Interessen äußert, fällt bei allen Betroffenen auf. Sisi reist durch ganz Europa, und weder wunderbare Umgebungen noch nach ihren Wünschen erbaute Schlösser und Villen lassen sie seßhaft werden. Herr S. ist beruflich viel unterwegs, und in seiner Freizeit joggt – also rennt – er im wahrsten Sinne des Wortes weiter. Auch Sisi »rannte« ständig. Ihre ausgedehnten Wanderungen im Eiltempo waren der Schrecken der Hofdamen und boten ihren Zeitgenossen reichlich Anlaß für Spott. Bei Frau B. ist diese Hetze nicht ganz so deutlich, wohl aber bei Frau K. Sie füllt ihre Abende und Wochenenden mit hektischer Aktivität, und als ihr Freund sie verläßt, steigert sie ihr Programm noch um Fitneßstudio und Spanischkurs.

2. »Action without satisfaction«

Nun sind Aktivität und eine Lebensführung, die viel Sport und zahlreiche Interessen einbezieht, an und für sich natürlich nichts Krankhaftes. Diese beiden auffallenden Züge von Sisi-Patienten sind also nicht die eigentlichen Krankheitsauslöser. Dies sind vielmehr die getrübte Grundstimmung und die Angst, die die Betroffenen – und Sisi allen voran – durch verstärkte Aktivität zu bekämpfen versuchen. Sie wollen dadurch wieder ein normales seelisches Gleichgewicht erlangen, was ihnen jedoch nicht gelingt. Die Betroffenen »powern sich aus«, ohne dadurch zu Zufriedenheit und Ausgeglichenheit zu finden. Als »Action without satisfaction«, als »Aktivität ohne Befriedigung« wurde dieser Zustand jüngst von einer Betroffenen bezeichnet.

Bei der klassischen Depression gilt die »Antriebsstörung« als ein Hauptsymptom. Dies wird deswegen so neutral ausgedrückt, weil es Veränderungen in beide Richtungen gibt. Die meisten Betroffenen mit klassischer Depression leiden allerdings unter einem stark reduzierten Antrieb. Sie haben kaum noch die Energie, um sich zu irgendwelchen Tätigkeiten aufzuraffen, und brauchen lange Anlaufzeiten. Zeichen dieser Antriebshemmung finden sich bei Herrn S., der sich nach jeder beruflichen Hiobsbotschaft erst einmal hinlegen und eine Auszeit nehmen muß. Noch deutlicher ist die Beschreibung von Frau B., die morgens nicht aus dem Bett kommt und noch eine Weile liegen bleiben muß, bevor sie aufsteht. Frau B. selbst hält dies für eine Kreislaufschwäche, spürt aber, daß dahinter kein körperliches Problem steckt. Bei Patienten mit Sisi-Syndrom ist der Antrieb bei weitem nicht in dem Ausmaß beeinträchtigt wie bei der klassischen Depression. Er kann Außenstehenden relativ hoch erscheinen, dies mag jedoch auf die energiegeladene und aktive psychische Grundstruktur des Patienten zurückzuführen sein. Menschen mit Sisi-Syndrom sind vor ihrer Erkrankung besonders aktive Naturen. Die Betroffenen selbst empfinden sich während der depressiven Episode als langsamer und weniger belastbar, auch wenn nur wenig davon für ihre Umgebung erkennbar wird. Ursache ist, daß Sisi-Patienten wie allen Menschen mit depressiver Verstimmung vor allem der Beginn jeder Aktivität schwerer fällt als gewöhnlich.

Auch die Entschlußfreudigkeit leidet unter der Antriebsstörung. Entweder kann man sich zu überhaupt nichts entschließen, oder die Entscheidungen werden von der Ängstlichkeit und Unruhe des Betroffenen negativ beeinflußt. Herr S. sagt, er habe »seine Ausstrahlung« verloren und komme daher mit den Kunden nicht mehr klar. Möglicherweise kann er ihnen in dieser Phase kein konkretes Angebot mehr machen, keine klaren Aussagen treffen.

3. Keine Freude, kein echtes Interesse

Trotz aller Unternehmungen: die rechte Freude mag dabei nicht aufkommen. Auch Dinge, die man früher mit großem Enthusiasmus betrieben hat, wecken keine echte Begeisterung mehr. Sisi läßt eine Villa auf ihrer Lieblingsinsel Korfu errichten – als sie fertiggestellt ist, hat Sisi das Interesse an ihr bereits verloren. Während die Patienten mit klassischer Depression eher dazu neigen, ihre Interessen zu vernachlässigen und am liebsten zu Hause zu sitzen, ziehen Menschen mit Sisi-Syndrom ihr Programm weiter durch. Oft bemerken die Kollegen oder Freunde erst gar nicht, daß der Betroffene sich nicht wohl fühlt, denn die Arbeit leidet anfangs nicht unbedingt – sie fällt nur schwerer als sonst.

Auch die Freude an anderen Menschen, an Überraschungen oder schönen Erlebnissen scheint verloren. Depressive Patienten berichten, daß sie ihren Kindern zwar beim Spielen zusehen, aber keinerlei Freude an dem Anblick mehr empfinden können. Geschenke, gut gemeinte Aufmerksamkeiten, ein schön gedeckter Tisch – nichts freut den Menschen in einer depressiven Episode. Dies ist für die Angehörigen, die den Betroffenen durch ihre Zuwendung aus seiner getrübten Stimmung befreien wollen, schwer zu verstehen und wird nicht selten als Zurückweisung empfunden.

4. Gedrückte Stimmung

Die Welt sieht grau in grau aus, kein Sonnenstrahl und kein Hoffnungsschimmer hellen den Horizont auf. Der bei uns geläufige Begriff Depression stammt von dem lateinischen Wort »deprimere« ab, das »niederdrücken« bedeutet. Die Griechen dagegen brachten das Schwarzsehen mit der schwarzen Galle in Verbindung. Jahrhundertelang wurde der Zustand daher als Melancholie, vom griechischen »melancholia«, bezeichnet. In der Antike und auch in der Renaissance beurteilte man die Melancholie allerdings nicht grundsätzlich negativ. Sie war eine Eigenschaft, die viele Künstler und Gelehrte auszeichnete, eine melancholische Stimmung galt geradezu als Bedingung für einen schöpferischen Akt.

Beim depressiven Erleben steht weniger ein Gefühl der Trauer im Vordergrund als ein Empfinden des Nichts. Alle Emotionen, alle Begebenheiten verschwimmen zu einer einzigen »dunklen Soße«, wie es einmal ein Betroffener beschrieben hat. Auch der Begriff der »Versteinerung« wird häufig gebraucht. Ein Psychiater bezeichnete die Depression einmal sehr treffend als die »Krankheit der -losigkeit«: freudlos, lustlos, mutlos, hoffnungslos, antriebslos – all diese Attribute treffen ebenfalls auf Menschen mit Sisi-Syndrom zu, wenn auch nicht in dem Ausmaß wie bei Patienten mit schwerer Depression.

Das Erinnerungsvermögen ist bei am Sisi-Syndrom Erkrankten nicht getrübt. Der Betroffene kann sich an die sachlichen Inhalte zurückliegender Begebenheiten erinnern, aber die »Begleitmusik der Gefühle« zu dieser Erinnerung fehlt.

Die genannten Symptome, die Interesse- und Freudlosigkeit, die Antriebsstörung und die gedrückte Stimmung, gelten nach heutigem Verständnis als Hauptsymptome der depressiven Episode. Wenn zwei von ihnen über mindestens zwei Wochen auftreten und durch mindestens zwei weitere Anzeichen aus der folgenden Liste von sieben Störungen ergänzt werden, sollte der Arzt die Diagnose »depressive Episode« stellen. Die übrigen Störungen, die regelmäßig mit zum Bild der depressiven Verstimmung gehören, sind Konzentrationsstörung, vermindertes Selbstwertgefühl, Schuldgefühle, Hemmungen, Unruhe, Selbstaggression, Schlafstörungen und Appetitminderung.

Die Hauptanzeichen für eine depressive Verstimmung sind bei Patienten mit Sisi-Syndrom in der Regel zu entdecken, manchmal jedoch nicht auf den ersten Blick. Auch die sonst mit Depression in Zusammenhang gebrachten seelischen Veränderungen werden bei Sisi-Patienten beobachtet, wenn auch nicht bei allen.

5. Konzentrationsstörungen

Konzentrationsstörungen, das Gefühl, das Denken sei gehemmt und langsam, sowie Vergeßlichkeit ängstigen viele depressive Patienten. Sie empfinden eine Art »Leere im Kopf« und fürchten, zu »verblöden« oder den Verstand zu verlieren. Diese Störungen haben jedoch nichts mit der Vergeßlichkeit einer Alzheimerschen Demenz oder anderen hirnorganischen Abbauprozessen gemeinsam. Die Gedächtnis- und Konzentrationsstörungen bei depressiven Verstimmungen verschwinden komplett, wenn die Depression abgeklungen ist. Bei Menschen mit Sisi-Syndrom ist die Angst vor nachlassender oder grundsätzlich zu geringer Leistungsfähigkeit des Gehirns oft größer als die tatsächlich vorhandene Konzentrations- und Merkschwäche. Die meisten Patienten können ihren gewohnten geistigen Tätigkeiten durchaus nachgehen.

6. Vermindertes Selbstwertgefühl

Ein Kernproblem depressiver Sisi-Patienten ist ihr im Verhältnis zu ihren hohen Ansprüchen geringes Selbstwertgefühl. Es dürfte eine zentrale Rolle in dem gesamten Krankheitsgeschehen einnehmen:
»Ich kann nichts, ich bin nichts, ich bin nichts wert, ich falle den anderen nur zur Last« – dieses nihilistische Lebensgefühl entsteht durch den bereits oben beschriebenen Teufelskreis des depressiv gestörten Selbsterlebens. Alles hat wunderbar geklappt, nur eine Kleinigkeit ist mißlungen: Grund genug für einen depressiven Menschen, nicht nur seine gesamten Fähigkeiten, sondern auch gleich noch seinen grundsätzlichen Wert als Person in Frage zu stellen.

Sisi-Patienten erleben dies in der Regel nicht mit der ganzen Wucht einer gängigen Depression. Sie legen die Meßlatte ihrer Ansprüche an sich selbst so hoch, daß es zu Enttäuschungen kommen kann – oft geradezu kommen muß. Diese Enttäuschungen untergraben das Selbstwertgefühl. Sisi-Patienten tragen diese geringe Selbsteinschätzung jedoch nicht zur Schau, sondern verbergen sie. Betont bestimmtes und vermeintlich selbstsicheres Auftreten, manchmal gesteigert bis zur Arroganz, läßt weder Freunde noch den Arzt gleich auf die Idee kommen, hinter dieser polierten Fassade könnte sich eine Depression verbergen. Ein Verdacht kommt höchstens dann auf, wenn die Brüchigkeit der Fassade erkennbar wird. Dies war zum Beispiel bei Sisi der Fall, deren zeitweilige Selbstsicherheit allein auf ihrer äußeren Erscheinung beruhte. Sisi war folglich energisch bemüht, diese zu erhalten, und geriet dabei unter eine Vielzahl von Zwängen.

7. Schuldgefühle

Eng verbunden mit dem geringen Selbstwertgefühl sind Schuldgefühle. »Weil ich nichts kann, falle ich den anderen zur Last, bin eine schlechte Mutter, bin eine schlechte Ehefrau ...« – Frau B. schildert, daß sie solche Empfindungen befallen, wenn sie morgens später als geplant aufgestanden ist. Sie grämt sich, weil sie glaubt, ihren hausfraulichen Verpflichtungen noch nicht ausreichend nachgekommen zu sein. Je höher der eigene Anspruch an Disziplin und Leistung ist, desto eher entstehen Schuldgefühle, wenn nicht alles perfekt erledigt ist.

8. Selbstschädigung

Bei manchen Menschen geht die negative Selbsteinschätzung so weit, daß sie sich selbst unbewußt Schaden zufügen. Sisi bewegt sich mit ihrer jahrelangen extremen Diät sicher im Bereich der Selbstschädigung. Die durch Hungerödeme angeschwollenen Beine, die in mehreren ärztlichen Untersuchungsbulletins und auch im Autopsiebericht genannt wurden, zeigen die äußerlich sichtbaren körperlichen Folgen ihrer Radikalkuren.

9. Schlafstörungen

Der gestörte Schlaf ist ein charakteristisches Zeichen der depressiven Verstimmung, das häufig fehlgedeutet wird. Man schätzt, daß etwa 20 Prozent aller Menschen, die wegen einer Schlafstörung mit Schlafmitteln behandelt werden, im Grunde an einer Depression leiden. Die alleinige Verabreichung von Schlafmitteln ist eine unzureichende Behandlung, weil sie die Ursache der Schlafstörung nicht bekämpft. Wird allerdings die Depression mit wirksamen Medikamenten behandelt, die den Serotonin-Stoffwechsel wieder ins Gleichgewicht bringen, so verschwindet auch die Schlafstörung, ohne daß dazu spezielle Schlafmittel eingenommen werden müssen.

Die Schlafstörung bei der Depression folgt meist einem typischen Muster. Das abendliche Einschlafen ist weniger erschwert als das Durchschlafen. Patienten mit Sisi-Syndrom wachen oft bereits in den frühen Morgenstunden auf und können dann nicht mehr einschlafen. Da am Morgen auch die Stimmung depressiver Patienten am schlechtesten ist, liegen sie dann meist grübelnd im Bett. Die Psychiatrie prägte dafür den anschaulichen Begriff »Morgengrauen«. Man hat herausgefunden, daß das der depressiven Verstimmung zugrundeliegende Ungleichgewicht der Botenstoffe im Gehirn mit der Schlafstörung in enger Verbindung steht. Das Serotonin, derjenige Botenstoff, der im Gehirn für die Gefühle und den Antrieb verantwortlich ist, beeinflußt auch den Schlaf. Dabei scheint die »Architektur« des Schlafes, die Abfolge bestimmter Schlafphasen, in Mitleidenschaft gezogen zu werden. Offenbar ist die Störung der Schlafarchitektur in den Morgenstunden ein gravierender Faktor für die Depression, denn wenn die Patienten kurz nach Mitternacht geweckt werden und die zweite Nachthälfte wach verbringen, bessert sich die Stimmung deutlich. Dies macht man sich bei der Schlafentzugstherapie zunutze.

10. Was sagt der Körper?

Nicht nur das Gemüt, sondern auch der Körper leidet beim Sisi-Syndrom. Die Beschwerden sind jedoch alles andere als typisch und weisen daher – für sich betrachtet – nur selten den Weg zur richtigen Diagnose. Eine allgemeine Müdigkeit, die sich zum Teil mit den Schlafstörungen erklären läßt, steht zwischen seelischen und körperlichen Symptomen. Sehr häufig treten **Kopfschmerzen** auf, die die Betroffenen meist als notwendiges Übel und als Folge ihrer angestrengten und zeitlich ausufernden Arbeit interpretieren. Auch **Schulter-Arm-Schmerzen, Verspannungen** und **allgemeine Gliederschmerzen** werden zum Beispiel mit stundenlanger Arbeit am Computer oder besonderen sportlichen Anstrengungen begründet.

Menschen mit Sisi-Syndrom neigen nicht dazu, in hypochondrische Ängste zu verfallen. Sie nehmen ihre Beschwerden zwar wahr und gehen gegebenenfalls auch deswegen zum Arzt – wenn sie einen Arzt aufsuchen, dann ohnehin nur wegen körperlicher Beschwerden –, aber sie fürchten nicht, an einer unheilbaren Krankheit zu leiden. Die Ängste von Sisi-Patienten sind weniger greifbar und beziehen sich in der Regel nicht auf ihre körperliche Gesundheit.

Unklare **Magen-Darm-Beschwerden**, wie Völlegefühl, Sodbrennen, Blähungen, ein gespannter Leib und Verstopfung oder Durchfall, manchmal im Wechsel, sind typische Beschwerdebilder von Sisi-Patienten. Auch Frau B. im ersten Beispiel leidet darunter, und sie wählt zunächst einen für sie naheliegenden Behandlungsweg: Sie behandelt sich selbst, und zwar energisch. Als eine weitgehende Ernährungsumstellung ihre Beschwerden nicht beseitigt, informiert sie sich auf eigene Faust über deren mögliche Ursache und wird prompt fündig: Hefepilze im Darm lautet ihre Eigendiagnose. Diese werden entschlossen bekämpft, nämlich durch eine radikale Diät, die den völligen Verzicht auf Zucker in jeder Form einschließlich Früchten erfordert. Erst als auch diese Anstrengung keinen Erfolg bringt, geht Frau B. zum Arzt.

Herz- und Kreislaufprobleme machen vielen Patienten, die vom Sisi-Syndrom betroffen sind, vor allem morgens zu schaffen. In Verbindung mit dem psychischen Morgentief erschweren niedriger Blutdruck und schwacher Kreislauf das Aufstehen und verlängern die morgendliche Anlaufphase. Frau B. beschreibt diese Situation im ersten Beispiel. Auch Herzklopfen und beschleunigter Pulsschlag bis hin zum Herzrasen treten häufig auf, meist ohne daß sich eine organische Schädigung des Herzens finden läßt. Auch Herr S. verspürte Herzrasen, aber das von seinem Hausarzt angefertigte EKG war völlig normal. Gelegentlich können die Herzbeschwerden ein Ausmaß und eine Intensität annehmen, die an die Vorboten eines Herzinfarkts erinnern. Auch dies geht meistens nicht mit einer meßbaren Verengung der Herzkranzgefäße einher, aber sicherheitshalber müssen körperliche Untersuchungen vorgenommen werden – man kann schließlich ein Sisi-Syndrom haben und gleichzeitig eine koronare Herzkrankheit mit Verengung der Herzkranzgefäße.

Appetitlosigkeit und **Eßstörungen** sind Symptome, die sich sowohl auf den Körper als auch auf die Seele beziehen. Praktisch jede Depression, gleich ob es sich um eine der klassischen Erscheinungsformen oder um das Sisi-Syndrom handelt, geht mit Appetitlosigkeit einher. Die Unfähigkeit, an etwas Freude zu empfinden, bezieht sich auch auf leibliche Genüsse wie Essen und Trinken. Oft ist den Patienten schon der Vorgang des Essens zuviel, und für das Zubereiten einer Mahlzeit reicht der Antrieb schon gar nicht aus. Beim Sisi-Syndrom kommen zur Appetitlosigkeit häufig noch die schon mehrfach erwähnte Selbstkasteiung und die rigiden Diätpläne, so daß sich schwer unterscheiden läßt, ob der Betroffene keinen Appetit hat oder seine Diät verfolgt.

Unter Eßstörungen sind in diesem Zusammenhang nicht die klassischen Formen der Magersucht, die Anorexia nervosa oder die Eß-Brechsucht Bulimie zu verstehen. Auch Sisi litt nicht unter einem dieser beiden Krankheitsbilder. Die Eßstörungen im Zusammenhang mit dem Sisi-Syndrom sind nur zu verstehen, wenn man neben dem Aspekt der Kasteiung und Selbstbestrafung nicht außer acht läßt, daß die Planung und Umsetzung einer strengen Diät ebenfalls eine aufwendige Aktivität darstellt und auch zu den Selbstbehandlungsversuchen zählt.

Appetitlosigkeit und Eßstörungen führen zur Gewichtsabnahme. Wenn die depressive Episode abklingt bzw. Antidepressiva ihre Wirkung entfalten, bessert sich der Appetit, und das Gewicht normalisiert sich. Bei jüngeren Frauen bleibt während depressiver Episoden gelegentlich der Monatszyklus aus. Offenbar verändert sich der Hormonhaushalt. Extreme Gewichtsabnahme kann auch das Einsetzen der Periodenblutung verhindern.

Die freudlose Stimmung und die Unfähigkeit, sich einem anderen Menschen nahe zu fühlen, bremst auch die **Sexualität.** Im Vordergrund steht mangelnde Lust, das Desinteresse an sexueller Betätigung. Potenzstörungen werden daher von der Mehrzahl der Patienten nur gelegentlich beklagt, da Antriebsschwäche, Abgeschlagenheit und vermindertes Lustempfinden das sexuelle Interesse ohnehin sehr dämpfen.

Häufige körperliche Beschwerden beim Sisi-Syndrom

Müdigkeit
Kopfschmerzen
Verspannungen
Schulter-Arm-Schmerzen
Gliederschmerzen
Magen-Darm-Beschwerden, zum Beispiel Sodbrennen,
    Völlegefühl, Magendrücken, Blähungen, Durchfall
    oder Verstopfung
Kreislaufstörungen
Beschleunigter Herzschlag
Appetitlosigkeit, Eßstörungen
Gewichtsverlust
Menstruationsstörungen
Sexuelle Unlust
Potenzstörungen

---

11. Wohin führt der Weg?

Jahrelang, manchmal über Jahrzehnte, gehen Menschen mit Sisi-Syndrom ihren einsamen Weg. Die einzelnen Beschwerden, an denen sie leiden, erscheinen zunächst nicht so bedeutsam. Ihr geringes Selbstwertgefühl verstecken sie hinter einem aufgesetzt wirkenden Selbstbewußtsein, manchmal bis zur Arroganz gesteigert. Sie setzen sich unter hohen Druck, glauben, permanent funktionieren zu müssen, und schrauben die Anforderungen an sich selbst immer weiter nach oben. Geradezu fanatisch betreiben sie ihre beruflichen, sportlichen und kulturellen Aktivitäten. Der beinahe zwanghafte Charakter ihrer Anstrengungen wird dabei häufig erst auf den zweiten Blick sichtbar; er bleibt sowohl der Umgebung als auch den Betroffenen selbst lange verborgen. Häufig ziehen sich auch die Mitmenschen zurück, wenn die Arroganz oder – wie bei Herrn S. – die hektische Aggressivität überhandnehmen.

Rastlose, zwanghafte Betriebsamkeit wird für die Patienten zur Strategie gegen die depressive Grundstimmung, gegen Angst und innere Unruhe. Arbeit, extreme sportliche Anstrengungen und strikte Diäten sind Selbstbehandlungsversuche, die der Überwindung von Lebens- und Sinnkrisen dienen sollen und das vermehrte Streben nach äußerer Anerkennung und Bestätigung dokumentieren.

Auch radikale Brüche und Neuanfänge, Berufs-, Partner- oder Wohnortwechsel können im Vorfeld bereits Teil dieser energischen Selbsttherapie sein. Sie finden sich gehäuft in der Biographie von Patienten, die später ein ausgeprägtes Sisi-Syndrom entwickeln. Herr S., der zweite vorgestellte Patient, ist ein Beispiel dafür. Rückschauend könnten seine Jobwechsel und die erste Ehescheidung bereits Anzeichen seines seelischen Ungleichgewichts gewesen sein. Dieses energische

Vorgehen muß sich nicht auf die Überwindung akuter psychischer Krisen beschränken, sondern kann dauerhafte Verhaltensmuster begründen. Die extreme Diät und das übermäßige Körpertraining, das Kaiserin Sisi jahrzehntelang betrieben hat, sind Beispiele dafür.

Nicht selten haben die Betroffenen das Gefühl, völlig ineffizient zu arbeiten und zu nichts zu taugen. Dieses Gefühl steht meist in krassem Gegensatz zu ihren tatsächlichen Erfolgen und Leistungen. Perfektion und Erreichen eines unverhältnismäßig hoch gesteckten Ziels, das stets unter großen Opfern und Anstrengungen angestrebt wird, sind für diese Patienten zum Selbstzweck geworden. Die Erfolge werden kaum wahrgenommen. Freude über einen Erfolg kann ein Sisi-Patient deshalb nicht mehr empfinden. Meist löst ein positives Erlebnis sogar eher Aggression aus – und es dient als Anlaß, den Druck weiter zu steigern. Die Patienten geraten in einen Strudel widerstreitender Empfindungen. Auf der einen Seite empfinden sie sich als etwas Besonderes und überschätzen ihre Leistungsfähigkeit, auf der anderen Seite stecken tief in ihnen gewaltige Versagens- und Existenzängste. Diese wiederum können nur durch Extremleistungen unter Kontrolle gehalten werden. Die ständige Furcht vor dem Scheitern schürt Ängste und ruft, im Zusammenspiel mit der depressiven Grundstimmung, Grübelei und Sorgen hervor.

Scheitert der Patient tatsächlich, leidet er an starken Schuldgefühlen, die häufig in keiner Relation zum konkreten Anlaß stehen und wieder in ein allgemeines Empfinden der eigenen Unzulänglichkeit und Wertlosigkeit münden.

Mit den Jahren dreht sich die Spirale immer schneller. Die depressive Grundstimmung und die Unruhe nehmen zu, und es muß immer mehr Energie darauf verwendet werden, diese »unter der Decke« zu halten. Immer neue Aktivitäten, immer höhere Anforderungen, immer mehr Sport und immer neue Hobbys zehren an den Reserven. Sind diese erschöpft, ist die Grenze der Selbsttherapie erreicht. Dieses Schicksal ist bisher für Sisi-Patienten die Regel. Aus einem noch mit wenig Aufwand korrigierbaren Ungleichgewicht der Seele ist eine ernste depressive Verstimmung erwachsen, die in jedem Fall der ärztlichen Behandlung bedarf. Sie wird dem Betroffenen oft erst zuteil, wenn die Widerstandskraft von Körper und Seele erlahmt und der Patient an die Grenze des Zusammenbruchs gelangt ist.

Der Kampf gegen die Depression geht jetzt in eine neue Runde: Professionelle Hilfe tut not. Der Gang zum Arzt ist der entscheidende Schritt, der aus dem Teufelskreis von Depression, Unruhe, Hektik und Angst herausführt.

V. DIE ANGST VOR DER UNORDNUNG IM GEHIRN

Das Sisi-Syndrom ist eine Krankheit, die in das weite Spektrum der depressiven Verstimmungen gehört – soviel ist inzwischen klargeworden. Eng damit verbunden sind Ängste und Zwänge, bei vielen Betroffenen auch Eßstörungen. Doch wie hängt all das zusammen? Was passiert, wenn die Emotionen sich vom »normalen« Erleben immer weiter entfernen, wenn sich Leere, das Gefühl der Sinnlosigkeit und Ängste breitmachen? Vielen Menschen sind alle Störungen unheimlich, die etwas mit Gehirn, Geist und Seele zu tun haben. Mit Krankheiten des Herzens, der Lunge, der Nieren oder des Verdauungstrakts kann man vermeintlich besser umgehen. Häufig wird der Körper als Maschine angesehen, die zu funktionieren hat. Tut er das einmal nicht, wird der Schaden »repariert«: durch Medikamente, eine Operation oder andere Therapieformen.

Diese technische Betrachtungsweise entspricht dem Zeitgeist und wird von vielen Ärzten unterstützt oder zumindest kritiklos akzeptiert. Wortschöpfungen wie »Gesundheits-Check« für die allgemeine Vorsorgeuntersuchung leisten einer derart mechanistischen Auffassung Vorschub. Diese hat zweifellos viele Nachteile, denn sie zerstört die Einheit von Körper und Geist, aber sie hat auch einen positiven Aspekt. Die »technische« Sicht der Körperfunktionen hat viel dazu beigetragen, Krankheiten aus dem Dunkel des schamhaften Verschweigens zu holen. Frauen, denen wegen einer Krebsgeschwulst eine Brust oder die Gebärmutter entfernt werden mußte, gehen heute in Selbsthilfegruppen mit ihren Problemen an die Öffentlichkeit – noch vor wenigen Jahrzehnten eine undenkbare Tabuverletzung. Ähnliche Beispiele gibt es viele, und alle tragen zu einem offeneren Umgang mit Krankheit bei, wenn auch oftmals unter dem eingeschränkten Blickwinkel des »Funktionierens«.

Leider erstreckt sich diese Offenheit bisher noch nicht auf alle Bereiche von Gesundheit und Krankheit: »Funktioniert« etwa das Zentralnervensystem nicht richtig, treten also beispielsweise Störungen des Gefühlslebens und der Stimmung auf, wie zum Beispiel das Sisi-Syndrom, so weicht das »technische« Krankheitsmodell mystischen Vorstellungen. Das Gehirn und seine Störungen scheinen immer noch geheimnisumwittert und undurchschaubar. Krankheiten, deren Ursachen in diesem Organ liegen, werden von vielen Menschen anders beurteilt und bewertet als die übrigen Leiden. Die Folge ist, daß zum Beispiel Betroffene mit depressiven Verstimmungen dazu neigen, ihre Beschwerden lange nicht als Krankheit zu akzeptieren und womöglich vor ihrer Umgebung zu verbergen. Die Weigerung vieler Menschen, einen Psychiater aufzusuchen, ist ein deutliches Signal dafür.

Die Meinung, Krankheiten, die ihre Ursache im Gehirn haben, seien in irgendeiner Weise suspekt, ist nicht berechtigt. Tatsache ist, daß bisher nur ein winziger Teil der Gehirnfunktionen aufgeklärt ist. Tatsache ist aber auch, daß alle Regungen, die im Gehirn entstehen, jedes Gefühl, jeder Gedanke, jede Erinnerung, jedes Bild, aus einem biochemischen Vorgang resultieren. Diese Abläufe sind vielfältig, äußerst kompliziert und noch lange nicht entschlüsselt. Dennoch haben die Wissenschaftler ein paar wesentliche Funktionen erklären können. So das Prinzip, nach dem Informationen von der einen Nervenzelle zur anderen gelangen können. Da diese Übertragung von Informationen nicht nur für die normalen Reaktionen des Nervensystems von großer Bedeutung ist, sondern auch für die Entstehung aller depressiven Verstimmungen und damit auch des Sisi-Syndroms, wird ihre Funktionsweise hier kurz vorgestellt.

1. Theoretische Grundlagen: von Nervenzellen und Botenstoffen

Die unvorstellbare Menge von etwa 100 Milliarden Nervenzellen drängt sich im Gehirn auf engem Raum. Jede dieser Zellen besteht aus einem Körper, der den Zellkern enthält, und einem meist stark verzweigten Ausläufer, dem Axon. Aneinandergereiht würden die Zellen und ihre Ausläufer einer Strecke von über 500 000 Kilometern entsprechen. Über die Axone, ihre Ausläufer, steht jede Zelle mit tausenden anderen Zellen in Kontakt. Das Nervensystem ist somit ein fast unsichtbares, millionenfach verzweigtes Netzwerk. Man kann es sich als ein dreidimensionales, superfeines, eng gesponnenes Spinnennetz vorstellen. Die Verbindungen zwischen den Zellen sind dabei nicht regellos, sondern bilden präzise abgestimmte Netzwerke, die jeweils ganz klar geregelte Funktionen erfüllen.
Alle Prozesse der Wahrnehmung und Verarbeitung, des Fühlens, Denkens, Erinnerns und Vergessens, des Entscheidens und Handelns laufen blitzschnell in diesem Netzwerk ab. Kein Reiz, kein Bild, kein Geräusch, kein Geruch, weder Kälte noch Wärme, weder Berührung noch Schmerzreize begegnen dem Menschen, ohne daß das Gehirn sie registriert, einordnet, speichert und darauf reagiert. Dazu ist es notwendig, daß die Zellen rasch und zuverlässig sämtliche Informationen, also Erregungen, übermitteln können. In der Zelle

wird die Erregung als elektrischer Impuls durch die Fortsätze der Zellen geleitet. Soll die Information an eine andere Zelle weitergegeben werden, muß dieser Weg jedoch verlassen werden – andernfalls wäre ein ständiges, chaotisches »elektrisches Gewitter« im Gehirn die Folge, ähnlich einem Krampfanfall.

Von einer Zelle zur nächsten wird die Information in Form eines biochemischen Vorgangs weitergegeben und dort wieder – in der zweiten Zelle – in einen elektrischen Impuls umgewandelt. Dieser biochemische Vorgang ist im Detail sehr kompliziert, das Prinzip läßt sich jedoch gut verstehen:

An der Kontaktstelle zweier Zellen berühren sich diese nicht direkt. Zwischen den beiden Zellen liegt ein schmaler Spalt, der durch Botenstoffe überbrückt werden muß. Die Zelle, die die Information weiterleitet, gibt an dieser funktionellen Kontaktstelle, der Synapse, eine bestimmte Substanz ab – sie schickt sozusagen einen chemischen Boten los. Nervenzellen mit verschiedenen Aufgaben benützen unterschiedliche Botenstoffe. Diese Botenstoffe, die auch als »Neurotransmitter« bezeichnet werden, durchqueren den Spalt und werden von der zweiten Zelle von ganz bestimmten Biomolekülen, den Rezeptoren, kurzfristig aufgenommen. Für jeden Botenstoff gibt es einen speziellen Rezeptor, in den der Bote exakt hineinpaßt wie ein Schlüssel in sein Schloß. Andere Botenstoffe passen nicht in dieses Schloß. Diese Sicherung vermeidet Fehlinformationen und gewährleistet ein hohes Maß an Präzision bei der Informationsweitergabe. »Steckt« ein solcher »Schlüssel«, also ein Botenstoffmolekül, im »Schloß«, nämlich dem Rezeptor, so löst dies eine Fülle komplizierter chemischer Reaktionen aus. Das Haus ist jetzt quasi aufgesperrt, und nun kann darin eine Vielzahl von Vorgängen beginnen. Einer davon ist die Umwandlung der eingetroffenen Information in einen elektrischen Impuls, der wiederum innerhalb dieser Nervenzelle weitergeleitet werden kann.

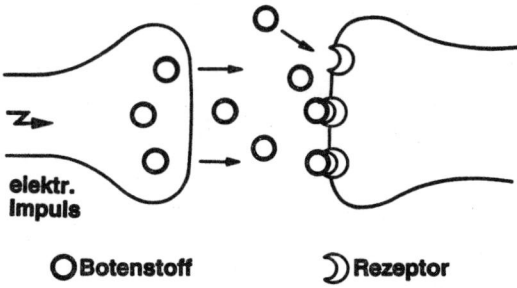

○ **Botenstoff** ☽ **Rezeptor**

Informationsübermittlung von einer Nervenzelle zur nächsten: Der Botenstoff wird von der ersten Zelle abgegeben, durchquert den synaptischen Spalt und übermittelt die Information an die nachfolgende Zelle.

Die wichtigsten Botenstoffe: Serotonin und Noradrenalin

Im Gehirn hat man bereits eine ganze Reihe von Botenstoffen nachweisen können. Im Zusammenhang mit depressiven Verstimmungen und speziell beim Sisi-Syndrom haben sich zwei Transmitter als besonders wichtig erwiesen: Noradrenalin und insbesondere Serotonin. Bei depressiven Verstimmungen ist die Freisetzung des Botenstoffs Serotonin in bestimmten Gehirnregionen, unter anderem im »limbischen System«, gestört. Noradrenalin spielt eine indirekte Rolle, indem es die Ausschüttung von Serotonin beeinflußt. Da diese Hirnareale insbesondere für Gefühle und Stimmung, aber auch für den Antrieb verantwortlich sind, erklären sich dadurch die charakteristischen Symptome der depressiven Verstimmung. Dabei geht man heute jedoch nicht mehr von einem absoluten Mangel an diesen Botenstoffen aus, sondern von einer Dysbalance. Dieses Ungleichgewicht entsteht wahrscheinlich nicht allein aus dem relativen Mangel an den genannten Botenstoffen, sondern auch aus einer veränderten Empfindlichkeit der Rezeptoren für diese Botenstoffe.

Welche Aufgaben hat das Serotonin-System?

Serotonin nimmt unter den Botenstoffen im Gehirn vermutlich eine Sonderstellung ein. Insgesamt existieren im Gehirn zwar »nur« 500 000 Nervenzellen, die Serotonin als Botenstoff abgeben und aufnehmen können, aber diese Nervenzellen sind besonders stark vernetzt und haben Verbindungen zu allen Strukturen des Gehirns. Sie koordinieren offenbar sowohl Bewegungs- als auch Wahrnehmungsabläufe und übernehmen die Funktion eines Schrittmachers bei vielen Vorgängen.

Die Aktivität der Nervenzellen, die Serotonin abgeben, entspricht dem Wachheitsgrad des Menschen. Im Traumschlaf, wenn die Muskeln völlig entspannt sind, läßt sich praktisch keine elektrische Aktivität dieser Zellen nachweisen. Im Wachzustand ist die Aktivität dagegen am höchsten.

Nach gegenwärtigem Erkenntnisstand werden Stimmungslage, Ängste, Zwang, Impulsivität, Sexualität, Appetit und Schlaf von serotoninhaltigen Nervenzellen als übergeordneter Instanz gesteuert. Eine fehlende Balance in diesem System kann also in den genannten Bereichen Störungen hervorrufen, die depressive Verstimmungen, Ängste, Zwänge und häufig auch Eßstörungen nach sich ziehen. Dies ist, wenn auch stark vereinfacht, die geltende Theorie für das organische Geschehen beim Sisi-Syndrom und allen anderen depressiven Verstimmungen.

Die Störung ist zu beheben

Im Unterschied zu einigen anderen Krankheiten des Zentralnervensystems, wie zum Beispiel Schlaganfall oder Parkinsonscher Schüttellähmung, ist diese Störung des Gehirnstoffwechsels aber nicht unwiderruflich und auch nicht dauerhaft. Depressive Verstimmungen sind meistens Episoden, die sich zwar wiederholen können, aber keinen bleibenden Defekt im Gehirn hinterlassen. Ist die Episode abgeklungen, funktioniert der Gehirnstoffwechsel wieder völlig normal. Auch nach mehreren Episoden brauchen Sie nicht zu befürchten, daß Ihre geistige Leistungsfähigkeit nachlassen könnte.

Was können Medikamente ausrichten?

Wie wir gesehen haben, beruhen Gefühle und Stimmungen auf neurochemischen Vorgängen. Wenn dies für die normalen, »gesunden« Gefühle gilt, muß sich zwangsläufig auch die Störung, die depressive Verstimmung, in einem – jetzt eben veränderten – chemischen Vorgang ausdrücken. Eine Substanz, die diese Veränderung rückgängig machen oder anderweitig beheben kann, wäre somit ein wirksames Medikament gegen die depressive Störung. Das klingt einfach, erfordert aber intensive Forschungsarbeit – und auch Glück. Oft hilft nämlich »Kommissar Zufall« der Arzneimittelforschung, und so war es auch bei den Antidepressiva.

In früheren Zeiten konnten »Melancholien«, also depressive Verstimmungen, nur mit Opium und Alkohol vorübergehend gelindert werden. In den fünfziger Jahren jedoch wurden »zufällig« die beiden ersten Substanzen der späteren Wirkstoffgruppen MAO-Hemmer und trizyklische Antidepressiva entdeckt. Ein amerikanischer Psychiater stellte fest, daß der Wirkstoff Iproniacid, der gegen Tuberkulose entwickelt worden war, den Zustand depressiver Patienten besserte. Iproniacid führte man allerdings wegen seiner erheblichen Nebenwirkungen nie in die Behandlung ein. Wenige Jahre später kam jedoch mit Marsilid der erste MAO-Hemmer auf den Markt.

Alle Antidepressiva greifen am synaptischen Spalt an, also an der Stelle, an der die Information von einer Zelle zur nächsten weitergegeben wird. Die Monoaminooxidase-Hemmer (MAO-Hemmer) sorgen zum Beispiel dafür, daß in der Zelle vorhandene Botenstoffmoleküle nicht abgebaut werden. Normalerweise produziert eine Nervenzelle dauernd Botenstoffe, baut sie aber gleichzeitig auch ab. MAO-Hemmer vermindern den Abbau und bewirken so, daß die Zelle mehr von diesem Botenstoff enthält und in den synaptischen Spalt abgeben kann.

Serotonin-Wiederaufnahmehemmer (SSRI), trizyklische und andere Antidepressiva hingegen arbeiten nach einem anderen Prinzip. Die Nervenzellen nehmen nämlich ihre zuvor abgegebenen Botenstoffmoleküle wieder auf, sobald diese nicht mehr an Rezeptoren der benachbarten Zelle gebunden sind, also nicht mehr »im Schloß stecken«. Dies geht blitzschnell – nach Bruchteilen von Sekunden sind die Botenstoffmoleküle

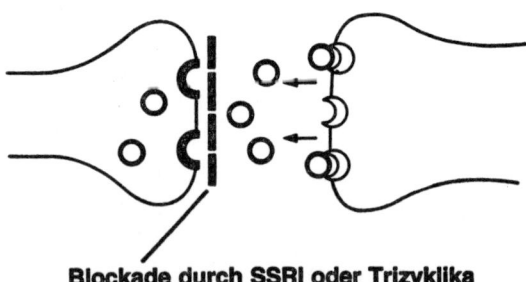

Blockade durch SSRI oder Trizyklika

Trizyklische Antidepressiva und SSRI blockieren die Wiederaufnahme der Botenstoffe in die Ursprungszelle.

80

schon wieder in ihre Ursprungszelle zurückgekehrt. Trizyklische Antidepressiva und SSRI blockieren diese Wiederaufnahme, so daß die Botenstoffe länger im synaptischen Spalt bleiben und mehr Chancen haben, an einem Rezeptor festzumachen, also ein »Schloß« zu finden.

Der Unterschied zwischen den SSRI und den trizyklischen Antidepressiva besteht in der besseren Spezialisierung der SSRI. Sie lassen alle Botenstoffe außer Serotonin quasi »links liegen«. Sie wirken also nur auf Nervenzellen, die Serotonin abgeben. Da die Balance der anderen Botenstoffe nicht gestört ist, sie also normalerweise in der benötigten Menge vorhanden sind, ist der Eingriff in das Gleichgewicht der anderen Botenstoffe nicht nur unnötig, sondern ruft zudem unerwünschte Wirkungen hervor. SSRI lösen daher weniger Nebenwirkungen aus als zum Beispiel trizyklische Antidepressiva oder auch MAO-Hemmer, die ebenfalls ungezielt den Abbau mehrerer Botenstoffe bremsen.

2. Jenseits der Neurochemie: Wie kommt es zur depressiven Verstimmung?

Bis zu diesem Punkt läßt sich zwar erklären, welche biochemischen Abläufe bei einer depressiven Verstimmung im Vergleich zur gesunden Gemütslage verändert sind. Dies beantwortet aber noch nicht die Frage, warum eine depressive Episode bzw. ein Sisi-Syndrom entstehen.

Um es vorwegzunehmen: Diese Frage ist leider bisher noch ungeklärt. Die meisten Wissenschaftler bevorzugen ein Modell, in das viele unterschiedliche Faktoren – von der ererbten Disposition bis zu psychologischen Phänomenen – einfließen. Der Versuch einer Übersicht könnte in etwa folgendermaßen aussehen:

Die Entstehung der Depression – ein Modell

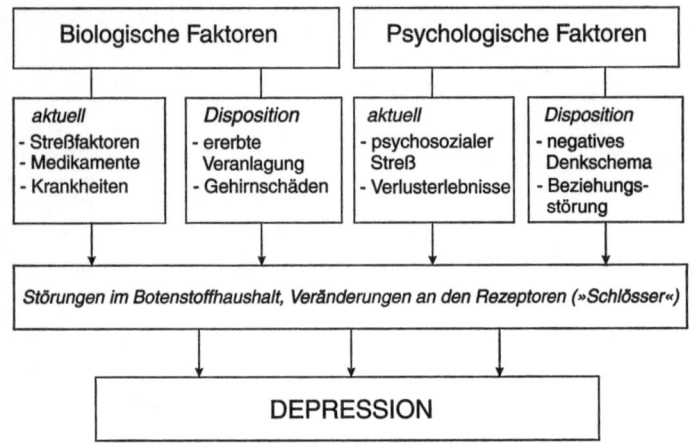

(nach Goscinniak, Osterheider, Volk 1998)

Akzeptiert man all diese Faktoren als mögliche Einflußgrößen für die Entstehung einer depressiven Verstimmung, so muß man diese als eine »bio-psycho-soziale« Erkrankung betrachten.

Die biologischen Faktoren sind dabei leichter faßbar als die psychologischen, die zudem mit verschiedenen, ganz unterschiedlichen Modellen erklärt werden.

Aktuelle biologische Stressoren sind zum Beispiel Phasen der körperlichen Umstellung wie Wochenbett oder Wechseljahre. Nach dem biologischen Streßmodell kommt es ferner zur körperlichen und seelischen Erschöpfung, wenn ein Mensch ein Problem trotz großer Anstrengung nicht lösen kann. Die Widerstandskraft erlahmt, der Betroffene fühlt sich hilflos, schwach und resigniert. Diese Situation bahnt den Weg in die Depression. Auch die Einnahme bestimmter Medikamente kann eine depressive Verstimmung auslösen oder zumindest begünstigen, ebenso verschiedene Erkrankungen. Eine biologische Disposition für depressive Verstimmungen kann durch eine vorausgegangene Schädigung des Gehirns oder durch eine entsprechende Veranlagung entstanden sein. Zahlreiche Studien, zum Beispiel Untersuchungen von Zwillingen oder Adoptivkindern sowie Ergebnisse aus der Familienforschung bestätigen die Theorie, daß eine Veranlagung zu depressiven Verstimmungen existiert. So ist das Erkrankungsrisiko für Verwandte ersten Grades eines Menschen mit Sisi-Syndrom oder allgemein depressiver Verstimmung erheblich größer als bei jemandem, der keinen nahen Angehörigen mit dieser Krankheit hat. Das Risiko für Verwandte zweiten und dritten Grades entspricht einem Mittelwert. Auch für ein- und zweieiige Zwillinge lassen sich jeweils spezielle Risikoraten errechnen. Bei eineiigen Zwillingen liegen sie besonders hoch. Für zweieiige besteht dagegen ein mit Geschwistern vergleichbares Risiko.

Daß psychosozialer Streß und Verlusterlebnisse, sei es durch Tod oder durch Trennung, depressive Reaktionen auslösen können, dürfte verständlich sein. Die Trennlinie zwischen »normaler«, gesunder Trauer und einer depressiven Reaktion ist zwar theoretisch schwierig zu ziehen, im Einzelfall anhand des konkreten Verhaltens, der Dauer und Intensität des Rückzugs jedoch meist erkennbar. Allerdings ähneln sich Trauer und depressive Verstimmung durchaus in mancherlei Hinsicht. Die Auslösung einer depressiven Episode durch ein äußeres Ereignis ist jedoch nicht die Regel, sondern eher selten. Psychiater beobachten häufig, daß diese Episoden unabhängig von Umwelteinflüssen beginnen und enden.

3. Tiefenpsychologische Vorstellungen

Eine andere Meinung zu Entstehung und Verlauf von depressiven Verstimmungen wird von dem Fachbereich der Tiefenpsychologie vertreten. Ihre Anhänger vermuten die Ursachen in der Vergangenheit, in der individuellen Biographie des Betroffenen. Nach Sigmund Freud soll besonders der frühe Verlust einer wichtigen Bezugsperson, vor allem der Mutter, für die Entstehung einer depressiven Verstimmung verantwortlich sein. »Verlust« ist dabei nicht unbedingt wörtlich gemeint, außer Tod oder Scheidung kann auch ein innerer Rückzug der Mutter vom Kind oder die Geburt eines weiteren Kindes als Verlust empfunden werden. Allerdings war sich Freud selbst seiner Sache nicht ganz sicher. 1921 schrieb er über die damals noch als Melancholie bezeichnete Störung: »Die Verhältnisse sind ziemlich undurchsichtig, zumal bisher nur wenige Formen und Fälle von Melancholie der psychoanalytischen Untersuchung unterzogen worden sind.« Diese Aussage trifft in ihren Grundzügen auch heute noch zu.

Inzwischen weiß man allerdings mehr über die psychische Entwicklung von Kindern. Zeitgenössische Tiefenpsychologen haben festgestellt, daß Kinder, die von den Eltern als Belastung empfunden werden, sich schwer tun, Selbstbewußtsein und Eigenliebe zu entwickeln. Diese Kinder lehnen sich möglicherweise innerlich selbst ab und reagieren auf Kritik von außen sehr rasch mit einem Zusammenbruch des sowieso schwachen Selbstwertgefühls. Im Erwachsenenalter kann dann ein konkretes Erlebnis des Verlassenwerdens, zum Beispiel die Trennung von einem Partner oder auch der Verlust des Arbeitsplatzes, eine depressive Episode auslösen. Tiefenpsychologen verstehen also jede Depression als Reaktion auf eine lange zurückliegende Erfahrung, die in vergleichbarer Form ein zweites Mal durchlebt wird. Diese zweite negative Erfahrung soll dann die depressive Verstimmung auslösen. Aber auch diese Erklärung zur Entstehung der Depression ist bisher weder widerlegt noch bewiesen.

4. Die Meinung der Verhaltenstherapeuten

Die verhaltenstherapeutisch orientierten Psychologen haben andere Theorien, wie es zu depressiven Verstimmungen kommen kann. Aaron Beck, der das kognitive Modell der Depression entwickelt und auch eine daraus abgeleitete, weit verbreitete und erfolgreiche Psychotherapie beschrieben hat, sieht in der Depression eine Grundeinstellung, die durch eine negative Beurteilung der eigenen Person, der Umwelt und der Zukunft gekennzeichnet ist. Beck vertritt die Ansicht, daß negative Gefühle aus negativen Gedanken entstehen – und nicht etwa umgekehrt, wie die Tiefenpsychologen meinen. Sein therapeutisches Konzept besteht daher aus einer Veränderung des negativen Denkschemas hin zu einem »gesunden« Denken.

Eine weitere verhaltenstherapeutische Theorie zur Entstehung einer depressiven Verstimmung ist das »Modell der erlernten Hilflosigkeit«. Es besagt, daß ein Betroffener während seines bisherigen Lebens die Erfahrung gemacht hat, daß er Ereignissen und anderen Menschen im allgemeinen hilflos ausgeliefert ist. Alles um ihn herum erscheint undurchschaubar und unverständlich; es gelingt ihm nicht, die Reaktionen anderer oder die Entwicklung von Situationen und Beziehungen vorauszusehen. Da er sich als hilflos erlebt und als unfähig, irgend etwas zu ändern, wird er passiv und apathisch, verliert jegliches Interesse an seiner Umgebung und jede Motivation, etwas zu unternehmen – er wird depressiv. Dieses Modell trifft auf Patienten mit Sisi-Syndrom nicht zu. Ihr Problem ist nicht die Apathie und Passivität, sondern die innere Rastlosigkeit, die den krankhaften Ursprung ihrer positiven Aktivität und Energie darstellt und sie keine innere Ruhe finden läßt.

Ein anderes Modell, das ebenfalls den Akzent auf ein fehlgeleitetes Lernen legt, ist das »Verstärkerverlustmodell«. Nach der psychologischen Lerntheorie geschieht Lernen entweder aufgrund einer positiven, also lobenden und verstärkenden Reaktion, oder einer negativen, also durch Tadel und Strafen. Die erste Reaktion fördert erwünschtes Verhalten, die zweite bremst unerwünschtes. Menschen mit depressiver Grundstimmung sind offenbar nicht in der Lage, sich selbst ausreichend positive Verstärkung zukommen zu lassen. Sie sind auf die Anerkennung ihrer Umgebung angewiesen. Bleibt diese aus – oder kann der Betroffene sie aufgrund seiner negativen Grundhaltung nicht wahrnehmen –, so gerät er in eine Krise. Eine solche kann sowohl durch einen realen als auch durch einen nur empfundenen Verlust ausgelöst werden – daher der Name dieses Modells. Die Krise verschärft sich, weil der Betroffene durch sein negatives Verhalten zwar anfangs Mitgefühl erntet, mit der Zeit jedoch wegen seiner andauernden »Miesepetrigkeit« auf Ablehnung stößt. Die für ihn dringend notwendigen positiven Verstärkungen bleiben aus, und die negativen Erfahrungen überwiegen immer mehr. Ganz allmählich gerät der Betroffene in den Sog der depressiven Verstimmung.

An diesem Modell gibt es einige Aspekte, die auf Patienten mit Sisi-Syndrom zutreffen. Auch Elisabeth selbst könnte in einer ähnlichen Situation gewesen sein. Das junge Mädchen mit vielleicht noch nicht gut ausgebildetem Selbstbewußtsein macht am Wiener Hof gleich in den ersten Jahren eine Reihe von frustrierenden Erfahrungen. Je weniger ihre Umgebung ihr Halt und positive Verstärkung bietet, desto negativer wird ihre Grundstimmung. Elisabeth als energiegeladene und aktive Frau hat sich dieser Situation jedoch nicht ausgeliefert, sondern sie mit allen ihr zur Verfügung stehenden Möglichkeiten bekämpft. Dieses aktive Bemühen, sich selbst aus der Krise zu befreien, unterscheidet den Weg der Patienten mit Sisi-Syndrom von denjenigen, die der hier geschilderten Modellvorstellung entsprechen.

5. Hat die depressive Episode einen Sinn?

Lediglich die Psychoanalytiker bejahten diese Frage. Sie sehen das »Abdriften« in die depressive Verstimmung als Notbremse, die eine bedrohliche Situation abwehren soll. Sie dient also nach psychoanalytischer Lehre als individueller Schutzmechanismus. Der umstrittene Analytiker Carl Gustav Jung ging in seinen Theorien, in denen er sich von Freud abgrenzte, sogar noch weiter. Er betrachtete die depressive Episode weniger als Krankheit, sondern vielmehr als eine Chance zum Neubeginn, die das Unbewußte als Ausweg aus dem bis dahin geführten, krankmachenden Leben suche.

Dies ist angesichts des aktuellen Wissens über die Gehirnstoffwechselstörungen, die während einer solchen depressiven Episode auftreten, zumindest fraglich. Dennoch lohnt es sich, über den Aspekt des Neubeginns nachzudenken. Gerade Patienten mit Sisi-Syndrom führen ein Leben, das man zeitweise durchaus mit dem Attribut »krankmachend« bezeichnen kann. Gelingt es, nicht nur die depressive Grundstimmung zu bekämpfen, sondern tatsächlich einen neuen Akzent in der Lebensgestaltung zu setzen, so wird sich dies für die weitere Zukunft günstig auswirken.

VI. ES IST ZEIT, HILFE ZU SUCHEN

Anhand von Beschreibungen möglicher Symptome, körperlicher und seelischer Beschwerden, ist nach und nach ein Mosaikbild der Probleme entstanden, die rastlose und gejagte Menschen mit allgemein getrübter Grundstimmung haben können.

Was tun, wenn Sie nun nach der Lektüre der ersten Kapitel dieses Buches meinen, daß einige der Symptome auch bei Ihnen zutreffen? Einen ganz wichtigen Schritt haben Sie mit dieser Überlegung schon getan: Sie haben erkannt, daß Ihre rastlose Aktivität über das gesunde Maß hinausgeht und in Kontrast zu Ihrer eher getrübten Grundstimmung steht. Bisher haben Sie die Frage »Wie geht es Ihnen?« wahrscheinlich immer mit »gut« oder sogar »bestens« beantwortet. Niemals hätten Sie sich selbst und anderen eingestanden, daß Ihre oft bewunderte Energie und Aktivität Sie nicht nur große Anstrengung kostet, sondern auch ein Stück Zwang beinhalten oder gar krankhaft sein könnte.

1. Die Bitte um Hilfe kostet Überwindung

Menschen mit Sisi-Syndrom zählen nicht zu denjenigen, die bei jeder Kleinigkeit jammern, sich hängenlassen oder gar einen Arzt aufsuchen. Sie sind Kämpfernaturen. Weinerlichkeit und nach außen getragene Hilfsbedürftigkeit sind ihnen fremd. Die Erkenntnis, allein nicht mehr weiterzuwissen, ist für diese Menschen im ersten Moment bitter.

Lange Zeit, oft jahrelang, bekämpfen die Betroffenen mit einer Vielzahl von Aktivitäten, darunter Hobbys, Reisen, Sport oder anderen Interessen, die viel Engagement und Disziplin erfordern, ihre ernste und bedrückte Grundstimmung. Doch das Rad dreht sich immer schneller, immer mehr muß in den Tag hineingepackt werden, um die aufkommende Leere, das Gefühl der Sinnlosigkeit und oft auch die Ängste zu unterdrücken. Das Programm wird immer umfangreicher, schließlich ist es kaum noch zu bewältigen. An diesem Punkt sind Sie möglicherweise gerade angelangt, denn sonst hätten Sie wahrscheinlich dieses Buch gar nicht in die Hand genommen.

Sich niemals gehenzulassen und keine Zeichen der Überforderung zu zeigen ist Ihre Devise. Um so schwerer fällt es Ihnen, jemanden um Unterstützung zu bitten. Allein einen Ausweg zu finden, haben Sie jahrelang mit großem Einsatz versucht. Daß Ihnen dies jetzt nicht mehr gelingt, empfinden Sie vielleicht als Niederlage. Das ist jedoch nicht nur unzutreffend, sondern auch ein Symptom Ihrer Erkrankung. Über diese, für das Sisi-Syndrom typische Neigung, sich schuldig zu fühlen, sich ständig Vorwürfe zu machen und zu fürchten, man genüge den Ansprüchen der Umgebung nicht, wurde bereits gesprochen. Wenn die depressive Verstimmung abgeklungen ist, verschwinden auch diese Selbstzweifel, Schuldgefühle und Ängste. Sie sind ein fataler Bestandteil depressiver Erkrankungen, denn sie machen es den Betroffenen gerade dann unendlich schwer, Hilfe zu suchen, wenn sie diese am nötigsten brauchen.

Sie haben versucht, gegen eine Krankheit anzukämpfen, die Sie nicht als solche wahrgenommen haben oder wahrnehmen wollten. Verantwortlich für diese Krankheit sind kein Mangel an Selbstdisziplin oder andere »Schwächen«, sondern vorübergehende Störungen bestimmter Stoffwechselvorgänge im Gehirn. Depressiven Verstimmungen liegen wie allen anderen Erkrankungen biochemische Veränderungen zugrunde, derer man sich genausowenig schämen muß wie einer nicht die Psyche betreffenden Krankheit. Niemand würde auf die Idee kommen, sich wegen eines Schilddrüsenleidens oder einer Herzkrankheit zu schämen.

2. Wen kann ich ansprechen?

Mit seelischen Problemen wendet man sich häufig zunächst an Angehörige oder Freunde, ehe ein Arztbesuch in Erwägung gezogen wird. Dies kann selbstverständlich ein guter Weg sein. Für Menschen, die am Sisi-Syndrom leiden, verläuft dieser Versuch jedoch nicht selten enttäuschend. Da Sie so wenig dem klassischen Bild des Depressiven entsprechen, reagiert die Umgebung oft mit völligem Unverständnis: »Gerade du klagst über Lustlosigkeit und innere Leere? Du bist doch dauernd auf Achse, wahrscheinlich bist du einfach nur überarbeitet. Mach doch mal Urlaub!« Solche und ähnliche gutgemeinten Ratschläge nützen wenig und frustrieren Sie nur. Gerade das können Sie ja nicht: ausspannen, relaxen, alle Fünfe gerade sein lassen und sich durch ausgiebigen Schlaf erholen. Sie müssen dauernd etwas tun, und trotz bleierner Müdigkeit schlafen Sie schlecht und wachen morgens viel zu früh auf. Geben Sie aber nicht auf, wenn Angehörige, Freunde oder gar der Partner auf Ihr Problem wenig einfühlsam reagieren. Sie haben einfach noch nicht erkannt, wie schlecht es Ihnen wirklich geht – Ihre Fassade war offenbar zu perfekt. Bei einem Arzt oder Psychotherapeuten ist das Risiko viel geringer, derart mißverstanden zu werden. Diese beiden Berufsgruppen sind geeignete Ansprechpartner für seelische Probleme. Sie haben das fachliche Wissen und gleichzeitig die notwendige Distanz, um Ihre Lebensumstände und den Krankheitswert Ihrer Situation neutral beurteilen zu können.

Der Gang zum Psychiater ist allerdings für viele Menschen mit Sisi-Syndrom zunächst unvorstellbar. »Ich bin doch nicht verrückt!« lautet meist der entrüstete Einwand auf diesen Vorschlag. Hinter diesem Satz steckt die in Deutschland noch sehr weit verbreitete Vorstellung, Psychiater seien für »Geisteskranke« zuständig und arbeiteten vorrangig in geschlossenen Anstalten. Beide Annahmen sind falsch, und in vielen anderen Ländern hat man sich schon längst von diesem unzutreffenden Vorurteil verabschiedet. Der Psychiater gehört vor allem in den Vereinigten Staaten ganz selbstverständlich zum gängigen Kreis der Therapeuten, etwa wie hierzulande der Krankengymnast oder Masseur.

Wenn Ihnen die Schwelle zu hoch erscheint, zum Psychiater zu gehen, dann suchen Sie den Hausarzt auf. Einige Hausärzte verfügen über große Erfahrung in der Behandlung depressiver Patienten. Eines sollte man jedoch beachten: Menschen mit Sisi-Syndrom plagen sich lange Zeit mit unklaren körperlichen Symptomen herum, ehe deren psychische Ursache erkannt wird. Aus diesen Beschwerden sollte sich keine diagnostische und therapeutische Odyssee entwickeln. Manchmal wird jahrelang versucht, Rückenschmerzen, Gelenkbeschwerden, Verdauungsstörungen, Herzschmerzen und viele diffuse Mißempfindungen mit allen Mitteln apparativer Diagnostik zu erfassen, bis eines Tages nach Ausschluß aller organischen Krankheiten endlich jemand auf die Idee kommt, es könne sich um eine Depression handeln. Da Ihnen der wahrscheinlichste Grund Ihrer Beschwerden, die depressive Verstimmung, ja inzwischen klargeworden ist, können Sie dem Hausarzt den richtigen diagnostischen Weg weisen und so zur Vermeidung derartiger medizinischer Irrfahrten beitragen.

3. Was passiert beim Arzt?

Wenn Sie zunächst einen Allgemeinmediziner oder Internisten aufsuchen, wird er trotzdem versuchen, mögliche körperliche Ursachen für Ihre Beschwerden zu finden bzw. auszuschließen. Die allgemein-internistische und neurologische Untersuchung ist aus zwei Gründen sinnvoll und notwendig. Zum einen können einige körperliche Krankheiten wie zum Beispiel die Unterfunktion der Nebenniere oder die Parkinsonsche Krankheit eine Depression hervorrufen, die allein anhand der Symptome nicht von einer depressiven Verstimmung ohne organische Ursache zu unterscheiden ist. In einigen Fällen wird daher der Arzt Untersuchungen anordnen, etwa einen Ultraschall und eine Hormonbestimmung der Nebennierenrindenhormone, ein EEG (Elektroenzephalogramm, Aufzeichnung der elektrischen Aktivität des Gehirns) oder ein CT (Computertomogramm, spezielle Röntgenuntersuchung, mit der sich zum Beispiel Tumore im Gehirn feststellen lassen).

Zum anderen kann man natürlich mehrere Leiden gleichzeitig haben, eine depressive Verstimmung und eine organische Krankheit. Die häufig diffusen, wechselnden und schwer einzuordnenden körperlichen Beschwerden bei depressiven Verstimmungen sollen einerseits nicht zu einer endlosen Organdiagnostik führen, dürfen aber andererseits auch nicht zur Folge haben, daß sämtliche Störungen und Schmerzen der Depression zur Last gelegt werden. Dies könnte nämlich im schlimmsten Fall dazu führen, daß eine behandlungsbedürftige organische Krankheit wie etwa eine koronare Herz-erkrankung, eine Stoffwechselkrankheit oder ein Tumorlei-den übersehen werden.

Schließlich haben auch bestimmte Medikamente, die Sie vielleicht wegen einer anderen Erkrankung einnehmen müs-sen, die Nebenwirkung, daß sie die Stimmung und den Antrieb beeinträchtigen. Dazu zählen beispielsweise manche Arzneimittel gegen hohen Blutdruck, die Parkinsonsche Krankheit, Krampfleiden und rheumatische Beschwerden. Auch bei der Einnahme mancher Hormone wie Kortikoide und Gestagene sowie bei verschiedenen Medikamenten ge-gen Infektionen oder bestimmten Psychopharmaka treten solche unerwünschten Begleiterscheinungen auf. Der sorgfäl-tige Ausschluß organischer und medikamentöser Ursachen für die Beschwerden ist daher keineswegs überflüssig, auch wenn die Diagnose eines Sisi-Syndroms bereits bekannt ist oder naheliegt.

4. Was tut der Psychiater?

Der Psychiater ist ebenfalls Arzt. Er hat Medizin studiert und anschließend eine Weiterbildung zum Facharzt für Psychia-trie abgeschlossen. Diese umfaßt auch eine mindestens ein-jährige Tätigkeit in der Neurologie, wo organischen Krank-heiten des Nervensystems behandelt werden. Der Psychiater kennt daher auch die organischen Ursachen für seelische Störungen und kann diese durch geeignete Untersuchungen von den »endogenen« psychischen Veränderungen unter-scheiden. Seit kurzem ist die psychotherapeutische Ausbil-dung in die Facharztweiterbildung zum Psychiater integriert, so daß es demnächst überwiegend »Fachärzte für Psychiatrie und Psychotherapie« geben wird.

Psychiater wählen einen anderen Zugang zum Patienten als Allgemeinärzte oder auf bestimmte organische Erkrankungen spezialisierte Fachärzte. Das Erstgespräch, auch »Interview« genannt, dauert relativ lange und erscheint dem Patienten manchmal unstrukturiert. Der Arzt läßt den Betroffenen reden, um herauszufinden, was diesem wichtig ist, wovon er spontan berichtet und was er – im nachhinein betrachtet – zunächst verschweigt. Viel Raum nimmt in den Gesprächen mit dem Psychiater Ihre Biographie ein; auch Fragen zur familiären Situation und zu seelischen Erkrankungen in der Familie werden gestellt.

Ziel der psychiatrischen Anamnese ist es, das Wesen und den Grad der Beschwerden möglichst vollständig zu erfassen, einzuordnen und so zu einer Diagnose zu kommen. Dies ist für eine wirksame Behandlung unbedingt notwendig. Das vorschnelle »Herumdoktern« an einzelnen Symptomen richtet nämlich mehr Schaden an, als es nützt. So ist es sinnlos, gegen die meistens mit depressiven Verstimmungen einhergehenden Schlafstörungen Schlafmittel oder Tranquilizer zu verordnen. Die Ursache der Schlafstörung, nämlich die depressive Verstimmung, muß behandelt werden, und wenn dies korrekt geschieht, verschwindet das Schlafproblem von selbst.

5. Nicht medizinisch ausgebildete Ansprechpartner: Psychologen und »Psychotherapeuten«

Psychologen sind keine Mediziner. Sie haben Psychologie studiert und während des Studiums oder danach Kenntnisse der psychotherapeutischen Verfahren erworben. Die Diagnostik seelischer Störungen gehört nur begrenzt zu ihrem Aufgabenkreis. Psychologen müssen sich zwar ebenfalls ein genaues Bild von der seelischen Störung ihres Patienten machen und daher ein umfangreiches Erstgespräch mit ihm führen, aber die medizinische Diagnose »Depression« ist nicht ihre Aufgabe. Das ist ebenso wie die medikamentöse Behandlung Sache des Arztes. Psychologen haben keine ärztliche Approbation und dürfen daher keine Medikamente verordnen. Psychodiagnostische Untersuchungen, insbesondere Tests, und spezielle Psychotherapien sind dagegen die Domäne des Psychologen, und hierzu wird er auch häufig vom Psychiater herangezogen.

Die Bezeichnung »Psychotherapeut« wird hier aus gutem Grund in Anführungszeichen gesetzt. Während die Zusatzbezeichnung »Psychotherapie«, die einige Ärzte auf dem Praxisschild führen dürfen, an eine klar definierte, von den Ärztekammern reglementierte Ausbildung gebunden ist, darf sich in Deutschland jedermann »Psychotherapeut« nennen. Diese Bezeichnung ist nicht geschützt und daher auch nicht an eine medizinische, psychologische oder sonstige Ausbildung gebunden. Eine gewisse Orientierung in diesem Qualifikationsdschungel bietet lediglich die Kassenzulassung. Wer als »Psychotherapeut« auf Kosten der gesetzlichen Krankenkassen tätig werden will, muß bestimmte Voraussetzungen erfüllen. Die geforderte Qualifikation ist relativ hoch, so daß eine Kassenzulassung derzeit als Qualitätsnachweis gelten kann. Die Krankenkasse ist unter Umständen auch bei der Suche nach einem von ihr akzeptierten Psychotherapeuten behilflich. Von nicht durch einen Arzt oder die Krankenkasse empfohlenen »Psychotherapeuten« sollte man besser die Finger lassen. Viele von ihnen arbeiten nur mit einem relativ begrenzten Spektrum an Verfahren oder sind sehr eng an eine bestimmte »Schule« gebunden. Außerdem empfiehlt es sich, vor Beginn einer psychotherapeutischen Behandlung die Kostenübernahme mit der Krankenkasse zu klären.

In Österreich regelt ein strenges Gesetz die Ausbildung von nichtärztlichen Psychotherapeuten. Zusätzlich führt das Bundesministerium für Gesundheit und Konsumentenschutz in Wien eine Liste aller zugelassenen Psychotherapeuten. Österreichische Ärzte mit psychotherapeutischer Zusatzqualifikation haben ein eigenes Diplom für »psychotherapeutische, psychosomatische und psychosoziale Medizin«.

VII. DIE BEHANDLUNGS-
MÖGLICHKEITEN

Am wichtigsten bei der Therapie von depressiven Verstimmungen ist ein gutes Einvernehmen zwischen Arzt und Patient. Ob es sich bei dem Arzt um einen Allgemeinmediziner, also den Hausarzt, oder um einen Psychiater handelt, ist zweitrangig. Suchen Sie sich einen Arzt, zu dem Sie Vertrauen haben, und orientieren Sie sich nicht zu sehr an der Facharztbezeichnung auf dem Praxisschild. Ein verantwortungsbewußter Hausarzt wird Sie zu einem Psychiater überweisen, wenn er sich seiner Diagnose nicht sicher ist oder mit der Behandlung nicht zurechtkommt.

1. Ambulant oder stationär behandeln?

»Natürlich ambulant, ich gehe doch nicht in die Psychiatrie!« Diese spontane Reaktion ist häufig. Tatsächlich läßt sich mit den heute verfügbaren Therapieformen fast jede depressive Verstimmung ambulant behandeln. Man sollte sich jedoch nicht allein aufgrund des Schweregrades der Erkrankung für die ambulante oder stationäre Behandlung entscheiden. Ein stationärer Aufenthalt muß nicht nur Nachteile haben, sondern kann auch eine seelische Entlastung bedeuten. Gerade Menschen, die sich jahrelang unter Aufbietung aller Kräfte bemüht haben, sämtlichen Anforderungen von außen gerecht zu werden, profitieren manchmal von einem Klinikaufenthalt. Dort können sie sich »fallenlassen« und Ballast abwerfen, denn sie werden als Kranke und nicht als launische, gereizte Mitmenschen behandelt. Anderen Betroffenen hilft es dagegen mehr, wenn sie ihre Gewohnheiten beibehalten und in der vertrauten Umgebung bleiben können.

2. Die Behandlungsmöglichkeiten im Überblick

Aufgrund seiner sorgfältigen Untersuchung kommt der Arzt zu einer möglichst genauen Diagnose. In Ihrem Fall sollte diese Diagnose möglichst nicht nur »Depression« lauten, sondern bereits Ihre spezielle Reaktionsform auf diese depressive Verstimmung, nämlich das »Sisi-Syndrom«, berücksichtigen. Grundlage der Behandlung Ihrer depressiven Verstimmung muß ein tragfähiges, festes Arbeitsbündnis zwischen Ihnen und Ihrem Therapeuten sein. Der Arzt schlägt Ihnen die aus seiner Sicht sinnvollen Maßnahmen vor. Erfolg können diese jedoch nur dann haben, wenn Sie sich kooperativ zeigen und Ihre Behandlung aktiv mitgestalten – so gut es eben in der jeweiligen Situation geht. Die Grundeinstellung des erfahrenen Arztes zu seinen Patienten, die von manchen Psychiatern auch als »psychotherapeutisches Basisverhalten« bezeichnet wird, verlangt Ihnen dabei nicht mehr ab, als Sie in der konkreten Krankheitsphase zu leisten imstande sind.

Übersicht über die Behandlungsmöglichkeiten

Medikamentöse Behandlung

- Serotonin-Wiederaufnahmehemmer
- Trizyklische Antidepressiva
- MAO-Hemmer/Reversible MAO-Hemmer (RIMA)
- Sonstige Antidepressiva
- Pflanzliche Substanzen, zum Beispiel Johanniskraut

Psychotherapeutische Verfahren (Auswahl)

- Tiefenpsychologisch fundierte Verfahren
- Verhaltenstherapie
    - klassische Verhaltenstherapie
    - Kognitive Therapie nach Beck
- Humanistische Psychotherapie
    - Klientenzentrierte Gesprächstherapie nach Carl Rogers
- Entspannungstechniken

Schlafentzug
Lichttherapie
Elektrokrampftherapie

Zu fast jeder antidepressiven Behandlung gehören **Medikamente.** Nur mit diesen ist es möglich, wirksam gegen die Dysbalance der Botenstoffe im Gehirn vorzugehen. Beim Sisi-Syndrom haben sich insbesondere Medikamente aus der Gruppe der selektiven Serotonin-Wiederaufnahmehemmer bewährt. Bei der »klassischen« Depression, die sich durch einen gedämpften Antrieb und einen starken Rückgang der

Aktivität äußert, werden hingegen häufig auch andere Präparate verordnet. Die unterschiedlichen Wirkstoffgruppen haben verschiedene Ansatzpunkte im Stoffwechsel des Gehirns. Sie wirken zwar alle angstlösend, überwiegend auch antriebssteigernd, unterscheiden sich jedoch teilweise im Wirkungsschwerpunkt, vor allem aber erheblich in Art und Ausprägung der Nebenwirkungen. Medikamente können sowohl zur akuten Behandlung einer depressiven Verstimmung als auch zur Vorbeugung gegen einen eventuellen Rückfall eingesetzt werden.

Schlafentzug verbessert bei einem Teil der Betroffenen die Stimmung deutlich. Der Effekt hält allerdings nur kurze Zeit an und eignet sich daher nicht ausschließlich als Behandlungsmethode.

Lichttherapie hilft bei der saisonalen Form der Depression, die sich in der lichtarmen Jahreszeit deutlich verschlechtert.

Die **Elektrokrampftherapie** wird in Deutschland kaum noch angeboten. Dies allerdings weniger aus medizinischen, sondern eher aus weltanschaulichen Gründen. Sie ist allerdings nie eine Behandlungsmethode der ersten Wahl, sondern bleibt der Therapie einer sehr schweren Depression vorbehalten, die sich mit Medikamenten nur unzureichend bekämpfen läßt.

Psychotherapeutische Verfahren, die bei depressiven Verstimmungen eingesetzt werden können, gibt es viele. Die Ergebnisse von Untersuchungen, in denen ein Vergleich zwischen medikamentöser Behandlung und Psychotherapie angestellt wurde, sind jedoch widersprüchlich, obwohl es eine ganze Reihe derartiger Studien gibt. Während einige Wissenschaftler die Medikamente ganz in den Vordergrund stellen und der Psychotherapie kaum eine eigenständige Wirkung einräumen, behandeln wieder andere leichtere bis mittelgradige depressive Verstimmungen nur mit psychotherapeutischen Methoden. Für die Wirksamkeit der Psychotherapie allein, ohne medikamentöse Unterstützung, fehlt aber letztlich der wissenschaftliche Beweis.

Die optimale Behandlung dürfte nach derzeitigem Kenntnisstand bei vielen Formen depressiver Verstimmung, so auch beim Sisi-Syndrom, in einer Kombination aus Medikamenten plus Psychotherapie bestehen. Die Therapie mit einem selektiven Serotonin-Wiederaufnahmehemmer ist beim Sisi-Syndrom die Grundlage, die bei Bedarf und auf Wunsch des Patienten durch eine Psychotherapie ergänzt werden kann. Die am häufigsten angewendeten psychotherapeutischen Verfahren sind interpersonale Therapie, Familientherapie, psychoanalytisch oder tiefenpsychologisch orientierte Psychotherapie, Gesprächs- oder »klientenzentrierte« Gesprächstherapie sowie besonders Verhaltenstherapie, die über ein großes Repertoire an verschiedenen Techniken verfügt. Insbesondere die »kognitive Therapie« hat den verhaltenstherapeutischen Ansatz entscheidend um die emotionale Komponente erweitert. Einige Psychiater verwenden auch den Begriff »pragmatische Psychotherapie«, der kein eigenständiges Verfahren beschreibt, sondern die Kombination mehrerer therapeutischer Techniken.

Auch Entspannungstechniken wie das Autogene Training zählen zur Psychotherapie. Ob es bei depressiven Verstimmungen Sinn macht, sie anzuwenden, ist umstritten. Speziell beim Sisi-Syndrom wäre eine günstige Wirkung durchaus vorstellbar, gesicherte wissenschaftliche Daten dazu existieren jedoch bisher nicht.

VIII. MEDIKAMENTE ZUR BEHANDLUNG DES SISI-SYNDROMS

Im vorhergehenden Abschnitt wurde bereits erwähnt, daß Medikamente ein wichtiger Bestandteil der Behandlung sind. Dies gilt in besonderem Maße für das Sisi-Syndrom. Es bestehen enge Zusammenhänge zwischen depressiven Verstimmungen, Ängsten und Zwängen, häufig auch noch kombiniert mit Eßstörungen. Die so verschieden erscheinenden Problemkreise berühren sich in den Vorgängen im serotonergenen System des Gehirns.

Antidepressiv wirksame Medikamente stehen – wie alle »Psychopharmaka« – bei vielen Menschen in sehr schlechtem Ruf. Die gängige Meinung dazu ist, daß sie den Patienten lediglich »ruhigstellen«. Man bezeichnet sie gar als »chemische Zwangsjacke« und unterstellt, daß sie Ärzten und Angehörigen den Umgang mit den »unbequemen« psychiatrischen Patienten erleichtern. Den Betroffenen selbst würden Psychopharmaka weit weniger helfen als ihren Betreuern, lautet das Vorurteil. Diese Einschätzung ist falsch, grob herabsetzend und gefährlich für all diejenigen Menschen, deren seelische Störungen nur durch die Einnahme von Medikamenten wirksam gebessert werden können. Die größte Gefahr bei antidepressiv wirksamen Medikamenten besteht darin, daß der Patient sie aufgrund ihres schlechten Images und gelegentlich auch infolge negativer Beeinflussung durch Angehörige überhaupt nicht, in zu geringer Dosierung oder nur für einen kurzen Zeitraum einnimmt oder ohne

Rücksprache mit dem Arzt absetzt. Je nach dem Schweregrad der depressiven Verstimmung droht dann unter Umständen Suizidgefahr.

Antidepressiva sind die einzige Möglichkeit, um Einfluß auf die gestörten Stoffwechselvorgänge im Gehirn zu nehmen. Wenn Sie an einer Krankheit leiden, die stoffliche und erklärbare Vorgänge in Ihrem Körper verändert, dann sollten Sie antidepressiv wirkenden Medikamenten nicht ablehnend gegenüberstehen. Dies soll Sie nicht von einer gesunden Skepsis abbringen oder gar zur kritiklosen Einnahme ungezählter Pillen veranlassen, wohl aber zu einer vernünftigen Einstellung gegenüber diesen Medikamenten ermuntern.

1. Was kann ich von Antidepressiva erwarten?

Antidepressiva bessern bei drei von vier Patienten mit Depressionen im ersten Behandlungsversuch die Stimmung. Erste Anzeichen dieser Besserung sind manchmal schon nach wenigen Tagen erkennbar. Bis ein Medikament seine volle Wirkung entfaltet, können allerdings drei bis vier Wochen vergehen. So lange sollte dieses Medikament in jedem Fall auch dann genommen werden, wenn sich keine ausreichende Veränderung der Stimmungslage abzuzeichnen scheint. Dies kommt bei knapp einem Viertel der Behandelten vor. In diesem Fall wird der Arzt nach einer mehrwöchigen Frist ein anderes Medikament verordnen. Um die Zeit bis zum Einsetzen der antidepressiven Wirkung der Medikamente zu überbrücken, kann eine Wachtherapie (Schlafentzug) hilfreich sein.

Auch die Art und Intensität der Nebenwirkungen ändert sich im Lauf der Behandlung. Einige subjektive Nebenwirkungen klingen nach einer gewissen Zeit ab, und der ständige Wechsel des Medikaments bessert weder die Erkrankung noch das Befinden. Grundsätzlich sollte man sich daher bei der Einnahme von Antidepressiva immer mehrere Wochen Zeit nehmen, ehe die Wirksamkeit und die Nebeneffekte abschließend beurteilt werden.

2. Wann werden Antidepressiva verordnet?

Medikamente werden bei depressiven Verstimmungen in drei verschiedenen Situationen mit jeweils unterschiedlicher Zielsetzung verwendet: zum einen in der akuten Situation einer depressiven Episode, um die Krankheitssymptome zu lindern. In der darauffolgenden Phase stabilisieren sie die Besserung, damit der Weg zurück ins gesunde Leben weiter verfolgt werden kann. Ist die Stabilisierung erfolgreich gewesen, die depressive Episode also abgeklungen, läßt sich dieser erfreuliche Zustand mit Hilfe von Medikamenten sichern, ein Rückfall kann verhütet werden.

Einsatzmöglichkeiten von Antidepressiva

- Akutbehandlung (Behandlung bis zur Besserung)
- Erhaltungstherapie bei Besserung (ca. vier bis sechs Monate nach Eintritt der Besserung)
- Rückfallverhütung (unter Umständen jahrelang, wenn bereits mehrere depressive Episoden aufgetreten sind)

(nach den Richtlinien der American Psychiatric Association)

---

3. Ein Wort zur Namensgebung

Alle Arzneimittel, also auch die Antidepressiva, haben zwei verschiedene Bezeichnungen. Die eine ist der Name der chemischen Substanz, die diesem Medikament seine Wirkung verleiht, also des Wirkstoffs. Mit diesen chemischen Kurzbezeichnungen oder »generic names« sind die Medikamente in den Fachmedien aufgeführt. Darüber hinaus gibt jeder Hersteller seinem Präparat einen selbstgewählten Namen, unter dem er das Medikament in den Handel bringt und bewirbt. Dieser Name steht auf der Packung und in den meisten Fällen auch auf dem Rezept, das der Arzt für Sie ausstellt. Da ein und derselbe Wirkstoff häufig von verschiedenen Herstellern angeboten wird, können durchaus zwei oder mehr Medikamente unterschiedlichen Namens denselben Wirkstoff enthalten. Wenn Sie von Ihrem Arzt immer dasselbe Präparat eines Herstellers verschrieben bekommen, erhalten Sie jedoch stets denselben Wirkstoff – darin können Sie sicher sein. In diesem Buch sind sowohl die chemischen Kurzbezeichnungen (an erster Stelle) als auch die wichtigsten Handelsnamen aufgeführt. Bei den Handelsnamen wird jedoch kein Anspruch auf Vollständigkeit erhoben. Es werden jeweils nur Beispiele angegeben, da sehr viele Präparate auf dem Markt sind und sich dieser auch ständig verändert.

4. Die verschiedenen Arzneiwirkstoffe

Bis Mitte der fünfziger Jahre wurden depressive Verstimmungen mit Opium behandelt. Dies war jedoch sehr unbefriedigend und besserte vor allem den Antrieb der Patienten nicht. 1957 wurde das erste wirksame echte Antidepressivum, das Imipramin, entwickelt. Mehrere chemische Abwandlungen dieser Grundsubstanz folgten, die gemeinsam die Wirkstoffgruppe der »trizyklischen Antidepressiva« bilden. Zeitlich beinahe parallel dazu entstand 1958 mit Marsilid der erste Hemmstoff des Enzyms Monoaminooxidase, der ebenfalls Muttersubstanz für eine Reihe verwandter Arzneistoffe wurde.

Als man erkannte, daß bei depressiven Verstimmungen ein Mangel an dem Botenstoff Serotonin in bestimmten Bereichen des Gehirns herrscht, wurden unterschiedliche Substanzen entwickelt, die die Wiederaufnahme von Serotonin in die Nervenzellen bremsen. Diese »Serotonin-Wiederaufnahmehemmer« bedeuteten einen beträchtlichen therapeutischen Fortschritt, denn die Behandlung kann durch sie spezieller auf das individuelle Krankheitsbild zugeschnitten werden und geht mit weniger Nebenwirkungen einher.

Die meisten der heute verwendeten Antidepressiva lassen sich in eine der aufgeführten drei Gruppen: trizyklische Antidepressiva, Monoaminooxidase-Hemmer (MAO-Hemmer) und Serotonin-Wiederaufnahmehemmer einordnen. Lediglich einige wenige Verbindungen gehören keiner dieser drei Gruppen an und werden daher gesondert erwähnt. Auch die (einzige) pflanzliche Substanz, der möglicherweise ein spezieller antidepressiver Effekt zugeschrieben wird, der Johanniskrautextrakt, steht außerhalb dieser Systematik und wird getrennt abgehandelt.

5. Die Wirkstoffgruppen im einzelnen

Während die bisher bekannten Formen depressiver Verstimmung vielfach noch mit trizyklischen Antidepressiva behandelt werden, erfordert das Sisi-Syndrom einen anderen Therapieansatz. Dies liegt an der speziellen Reaktionsweise der

Sisi-Patienten, die gegen ihre getrübte Grundstimmung aktiv ankämpfen. Ein dämpfender Effekt, wie ihn viele Trizyklika beinhalten, ist für diese Menschen ganz unerwünscht. Eine medikamentöse Ruhigstellung wäre für Sisi-Patienten sehr unangenehm, da sie nichts mehr fürchten als Passivität und Abhängigkeit.

Selektive Serotonin-Wiederaufnahmehemmer (SSRI)

Diese Wirkstoffgruppe eignet sich nach derzeitigem Kenntnisstand besonders gut zur Behandlung des Sisi-Syndroms. Die ersten Serotonin-Wiederaufnahmehemmer (SSRI) wurden Ende der achtziger Jahre in Europa eingeführt. Sie blockieren die Wiederaufnahme des Botenstoffs Serotonin aus dem synaptischen Spalt zurück in diejenige Zelle, die das Serotonin zuvor abgegeben hatte. Dadurch bleibt mehr Serotonin an den Empfangsstellen der zweiten Zelle, den Rezeptoren, und kann so eine dauerhaftere Wirkung entfalten. Eine Störung der Übertragung des Botenstoffs Serotonin wird heute auf biochemischer Ebene als wesentlich krankhafte Veränderung bei depressiven Verstimmungen, Ängsten und anderen psychischen Störungen angesehen. Die Beschränkung der Hemmwirkung auf einen Botenstoff führt nicht zu einer Beeinträchtigung der Wirksamkeit. Obwohl die SSRI den Botenstoff Noradrenalin nicht beeinflussen, sind sie ebenso wirksam wie die trizyklischen Antidepressiva. Alle SSRI wirken nicht dämpfend. Patienten mit Sisi-Syndrom, die sich durch ihre Aktivität ja in gewisser Weise selbst behandeln, brauchen also nicht zu befürchten, durch diese Medikamente »ruhiggestellt« zu werden. Da keine Dämpfung auftritt, muß bei Einnahme von SSRI auch nicht auf das Autofahren verzichtet werden. Dadurch, daß von den SSRI ausschließlich Serotonin-Rezeptoren, jedoch keine anderen

Rezeptoren blockiert werden, entfallen auch die Nebenwirkungen am Herzen, die bei der Einnahme von Trizyklika von Patienten mit Herzrhythmusstörungen oder anderen Herzerkrankungen gelegentlich auftreten. Bei SSRI ist dieses Nebenwirkungsrisiko nicht bekannt geworden. Auch Sehstörungen treten seltener auf. Selbstverständlich können auch SSRI – wie alle wirksamen Arzneimittel – Nebenwirkungen entfalten. Bedenken Sie jedoch, daß Nebenwirkungen zwar vorkommen können, aber keineswegs müssen. Selbst sogenannte häufige Nebenwirkungen betreffen immer nur einen bestimmten Teil der Anwender eines Medikaments, niemals alle.

Ein weiteres Plus der SSRI: Mit Serotonin wird derjenige Botenstoff beeinflußt, dessen Fehlfunktion auch für Ängste, Zwänge und Eßstörungen verantwortlich ist. Gerade auch beim Sisi-Syndrom zeigt sich in vielen Fällen die enge Verbindung zwischen depressiver Verstimmung, Ängsten, Zwangssymptomen und Eßstörungen. Nicht nur Kaiserin Elisabeth selbst, sondern auch die anderen vorgestellten Patienten haben mindestens eines dieser zusätzlichen Probleme.

Die stimmungsaufhellende und angstlösende Wirkung ist nach gegenwärtigem Wissensstand besonders für den Wirkstoff Paroxetin belegt. Paroxetin bekämpft offenbar besser als die Trizyklika die Ängste, die besonders bei Sisi-Patienten häufig die depressive Stimmung begleiten. Es hilft außerdem bei weiteren verschiedenen Angststörungen und bei Zwängen.

Ein weiterer Vorteil der SSRI ist, daß sie – im Unterschied zu den trizyklischen Antidepressiva – nur in sehr geringem Maße giftig sind. Wenn die Wirkung zu Behandlungsbeginn unbefriedigend bleibt, kann der Arzt daher gefahrlos eine höhere Dosierung verordnen. SSRI gelten daher als sichere Antidepressiva. Selbst wenn zuviel eingenommen wird, entsteht keine Lebensgefahr.

Die selektiven Serotonin-Wiederaufnahmehemmer im Überblick

Wirkstoff	Hauptwirkungen	wichtigste Nebenwirkungen
Citalopram	angstlösend, antriebs-neutral	wie Fluoxetin
Fluoxetin	angstlösend, antriebs-neutral	Übelkeit, Appetitlosigkeit, Erbre-chen, Durchfall, Unruhe, Schlaf-störungen, Kopfschmerzen, Schwitzen
Fluvoxamin	angstlösend, antriebs-neutral	ähnlich wie Fluoxetin
Paroxetin	angstlösend, antriebs-neutral, auch zur Be-handlung von Angst-und Zwangsstörungen zugelassen.	ähnlich wie Fluoxetin, jedoch weniger häufig Schlafstörungen
Sertralin	angstlösend, antriebs-neutral	ähnlich wie Fluoxetin

Zu beachten ist, daß die Zeitspanne, während der das Medikament im Körper bleibt, bei den verschiedenen SSRI stark differiert. Die Halbwertzeit, nach der die Hälfte der eingenommenen Substanz vom Körper abgebaut und ausgeschieden ist, liegt für Fluvoxamin bei 15 Stunden, für Paroxetin bei etwa 24 Stunden. Für Fluoxetin muß mit zwei bis drei Tagen gerechnet werden, für das gleichermaßen wirksame, im Körper entstehende Abbauprodukt des Fluoxetins, das Norfluoxetin, gar mit etwa zwei Wochen. Dies hat Konsequenzen für die Häufigkeit der Einnahme. Bei Paroxetin genügt zum Beispiel eine Einnahme pro Tag, während Fluvoxamin wegen seines rascheren Abbaus im Körper zweimal täglich eingenommen werden muß.

Die Dauer des Abbaus hat aber auch Folgen, wenn das Medikament zum Beispiel bei Unverträglichkeit abgesetzt und gegen ein anderes ausgetauscht werden muß. Die Nebenwirkungen der meisten SSRI sind wenige Tage nach Ende der Einnahme verschwunden; lediglich bei Fluoxetin können sie mehrere Wochen anhalten.

Handelsnamen der SSRI (Auswahl)

Citalopram:	Cipramil, Serpram
Fluoxetin:	Fluctin, Fluoxetin-ratiopharm
Fluvoxamin:	Fevarin
Paroxetin:	Seroxat, Tagonis
Sertralin:	Gladem, Zoloff

Trizyklische Antidepressiva

Diese älteste Gruppe der Antidepressiva umfaßt heute über 20 Substanzen, die alle über die bei Imipramin seit 1957 genutzte chemische Struktur mit drei Ringsystemen verfügen. Trizyklische Antidepressiva sind wirksam und gelten für viele Ärzte heute noch als der Standard in der Behandlung einer Depression, an dem alle neueren Medikamente zu messen sind. Sie hemmen die Wiederaufnahme der Botenstoffe Noradrenalin und Serotonin in die Nervenzellenden, je nach Substanz in unterschiedlicher Gewichtung. Aber sie blockieren auch die Rezeptorstellen für verschiedene andere Transmittersysteme des vegetativen Nervensystems, was zu einer Reihe von Nebenwirkungen führt. Das vegetative oder auch »autonome« Nervensystem steuert die Grundfunktionen des Körpers, wie die Regulation von Blutdruck, Herzschlag, Atmung, Körpertemperatur, Verdauung und Stoffwechsel. Der wichtigste Botenstoff für das vegetative Nervensystem ist Acetylcholin. Da trizyklische Antidepressiva diesen

Botenstoff leider auch beeinflussen, kommt es zu Veränderungen des Blutdrucks, zu Herzschlagveränderungen, Mundtrockenheit oder auch verstärktem Speichelfluß, Verstopfung oder Durchfall, Schwitzen oder Kälteempfindlichkeit, verschwommenem Sehen, Harnverhalt, gelegentlich auch zur Herabsetzung des sexuellen Verlangens. Um bei einer möglichen Beeinträchtigung der Herzfunktion Gesundheitsrisiken zu vermeiden, sollte vor Beginn einer Behandlung mit trizyklischen Antidepressiva ein Elektrokardiogramm (EKG) gemacht werden.

Insbesondere die Blutdruckveränderungen und die Erhöhung des Augeninnendrucks schränken die Anwendungsmöglichkeiten der trizyklischen Antidepressiva bei älteren Patienten ein. Einige dieser Nebenwirkungen ähneln den körperlichen Symptomen, die beim Sisi-Syndrom auftreten können. Manchmal fällt daher die Unterscheidung schwer, ob es sich bei einer Störung um eine Nebenwirkung des Trizyklikums oder um ein Symptom der depressiven Verstimmung handelt. Einen Hinweis bietet der Zeitpunkt, zu dem die Beschwerden erstmals aufgetreten sind.

Trizyklische Antidepressiva werden häufig gegen die bisher bekannten Erscheinungsformen depressiver Verstimmungen verordnet, da sie gut wirksam sind und die Ärzte über jahrzehntelange Erfahrung mit dieser Substanzgruppe verfügen. Bei der Behandlung des Sisi-Syndroms stehen trizyklische Antidepressiva nicht im Vordergrund. Der Nachteil der Trizyklika sind die erwähnten, teilweise gravierenden Nebenwirkungen. Da einige Substanzen dämpfend wirken und vor allem in den ersten Tagen nach Behandlungsbeginn zu Benommenheit führen können, sollte in dieser Zeit kein Kraftfahrzeug gesteuert werden.

Die wichtigsten trizyklischen Wirkstoffe im Überblick

Wirkstoff	Hauptwirkungen	wichtigste Nebenwirkungen
Amitriptylin	dämpfend, angstlösend	Mundtrockenheit, Verstopfung, Harnverhalt, Sehstörungen, Benommenheit, Blutdruckabfall, Herzrhythmusstörungen, Gewichtszunahme, Sedierung
Clomipramin	angstlösend, bei Depression mit Antriebshemmung (aktivierend)	Mundtrockenheit, Verstopfung, Harnverhalt, Sehstörungen, Benommenheit, Herzrhythmusstörungen, gelegentlich Schlafstörungen
Desipramin	stark antriebssteigernd	Kreislaufstörungen, Herzrhythmusstörungen, anfangs Unruhe und Schlafstörungen
Doxepin	ähnlich wie Amitriptylin	siehe Amitriptylin, etwas weniger Kreislauf- und Herzrhythmusstörungen, stärker sedierend
Imipramin	antriebssteigernd	wie Amitriptylin, gelegentlich Schlafstörungen und Magen-Darm-Beschwerden
Nortriptylin	stark antriebssteigernd	wie Amitriptylin, aber insgesamt seltener und schwächer
Trimipramin	dämpfend, angstlösend, schlafverbessernd	wie Amitriptylin, aber bis auf Benommenheit schwächer ausgeprägt

Die Präparate sind unter folgenden Handelsnamen erhältlich (Auswahl)

Amitriptylin: Amineurin, Amitriptylin-neuraxpharm, Novoprotect, Saroten, Syneudon

Clomipramin: Anafranil, Clomipramin-neuraxpharm, Hydiphen

Desipramin: Pertofan, Petylyl

Doxepin: Aponal, Doneurin, Doxepin, Sinquan

Imipramin:	Imipramin-neuraxpharm, Pryleugan, Tofranil
Nortriptylin:	Nortrilen
Trimipramin:	Herphonal, Stangyl

Tetrazyklische Antidepressiva

Diese Substanzgruppe, die nur zwei Wirkstoffe enthält, wird gelegentlich mit den trizyklischen Antidepressiva zusammengefaßt. Die beiden Substanzen Maprotilin und Mianserin wirken angstlösend und dämpfend. Der sedierende Effekt ist bei Maprotilin allerdings deutlich geringer als bei Mianserin. Bei Maprotilin treten ähnliche Nebenwirkungen auf wie bei Amitriptylin, jedoch etwas schwächer ausgeprägt. Zu Beginn der Behandlung wird oft über Müdigkeit berichtet, außerdem können allergische Reaktionen auftreten.

Auch Mianserin macht anfangs müde. Bei Diabetikern kann diese Substanz außerdem Blutzuckerschwankungen auslösen. Mianserin wird ferner gelegentlich mit Beeinträchtigungen der Libido in Verbindung gebracht.

Handelsnamen der genannten Antidepressiva

| **Maprotilin:** | Aneural, Deprilept, Ludiomil, Maprolu, Maprostad, Mirpan, Psymion |
| **Mianserin:** | Miabene, mianserin-neuraxpharm, Prisma, Tolvin |

Monoaminooxidase-Hemmer (MAO-Hemmer) und reversible MAO-Hemmer (RIMA)

MAO-Hemmer sind als Antidepressiva in letzter Zeit etwas in den Hintergrund getreten. Sie hemmen die Funktion des

Enzyms Monoaminooxidase, das die Botenstoffe Adrenalin, Noradrenalin und Serotonin in den Nervenzellen abbaut. Dadurch steht eine größere Menge dieser Botenstoffe für eine weitere Ausschüttung in den synaptischen Spalt zur Verfügung. Auch diese Wirkstoffgruppe verbessert die Kommunikation zwischen den Nervenzellen.

Gegenwärtig kennt man zwei Substanzen mit diesem Wirkmechanismus. Die ältere von beiden, Tranylcypromin, hemmt die Monoaminooxidase unwiderruflich. Das Enzym kann nicht wieder aktiv werden. Nach Beendigung der Behandlung dauert es daher einige Wochen, bis der Körper wieder ausreichende Mengen der Monoaminooxidase nachgebildet hat. Tranylcypromin hemmt allerdings auch den Abbau von Tyramin. Diese Substanz ist in Käse, Rotwein, Fisch und einer Reihe anderer Nahrungsmittel enthalten und erhöht den Blutdruck sehr stark. Um gefährlichen Blutdruckanstieg zu vermeiden, müssen alle Patienten, die mit diesem Medikament behandelt werden, strenge Diätvorschriften beachten.

Dieses Risiko ist bei dem neueren MAO-Hemmer Moclobemid geringer. Die Wirkung von Moclobemid auf die Monoaminooxidase klingt nach gewisser Zeit ab. Setzt man also Moclobemid ab, so ist die Funktion des Enzyms rasch wiederhergestellt.

MAO-Hemmer wirken angstlösend und stimmungsaufhellend. Ihre wichtigsten Nebenwirkung sind eine starke Antriebssteigerung sowie Schlafstörungen. Für Patienten mit Sisi-Syndrom, bei denen der Antrieb durch die depressive Episode nicht allzu stark beeinträchtigt ist, die aber unter erheblichen Schlafstörungen leiden, gelten MAO-Hemmer als weniger geeignete Medikamente.

Allen MAO-Hemmern ist gemeinsam, daß sie unbedingt zwei Wochen vor jedem ärztlichen Eingriff abgesetzt werden müssen, der mit einer Narkose einhergeht. Andernfalls drohen Narkosezwischenfälle. Wer einen MAO-Hemmer einnimmt, sollte also unbedingt sämtliche behandelnden Ärzte und auch den Zahnarzt darüber informieren.

Handelsnamen von MAO-Hemmern

Tranylcypromin: Parnate
Moclobemid: Aurorix

---

6. Sonstige Antidepressiva

Außer den genannten Substanzen gibt es noch eine Reihe weitere neuere Antidepressiva. **Reboxetin** hemmt ausschließlich die Wiederaufnahme des Botenstoffs Noradrenalin. Damit wirkt es ähnlich wie das trizyklische Antidepressivum Desipramin, dürfte jedoch verträglicher sein als dieses. Reboxetin ist erst seit kurzer Zeit verfügbar; Wirksamkeit und Verträglichkeit können daher noch nicht verläßlich bewertet werden.

Venlafaxin hemmt, ähnlich wie die Trizyklika Amitriptylin und Imipramin, die Wiederaufnahme der beiden Botenstoffe Serotonin und Noradrenalin. Wie alle neueren Antidepressiva ist es verträglicher als die Trizyklika. Venlafaxin wirkt antidepressiv und angstlösend. Die häufigsten Nebenwirkungen sind Appetitlosigkeit und Übelkeit, ferner Unruhe und Schlafstörungen. In höheren Dosen wirkt Venlafaxin blutdrucksteigernd, die regelmäßige Kontrolle der Blutdruckwerte ist daher empfehlenswert.

Mirtazapin hat chemisch große Ähnlichkeit mit dem tetrazyklischen Antidepressivum Mianserin und wirkt auch auf

ähnliche Weise. Die Substanz fördert die Abgabe von Serotonin und Noradrenalin in den synaptischen Spalt zwischen
zwei Nervenzellen, außerdem blockiert sie bestimmte Seroto-
nin-Empfängerstellen. Dies trägt vermutlich sowohl zur antidepressiven als auch zur angstlösenden Wirkung von Mirtazapin bei. Häufigste Nebenwirkungen sind Sedierung, Benommenheit und Schläfrigkeit. Darüber hinaus führt es zu
einer Steigerung des Appetits und nachfolgend zu Gewichtszunahme. Von den neueren Antidepressiva kommt Mirtazapin wegen seiner ruhigstellenden Wirkung am wenigsten für
die Behandlung des Sisi-Syndroms in Frage.

Nefazodon hemmt die Wiederaufnahme von Serotonin,
jedoch in geringerem Maße als die SSRI. Außerdem blockiert
Nefazodon ein bestimmtes »Serotonin-Schloß«, was zu seiner
antidepressiven Wirkung beiträgt. Mundtrockenheit, Übelkeit, Schläfrigkeit und Schwindelgefühl sind die häufigsten
Nebenwirkungen von Nefazodon. Aufgrund seines Nebenwirkungsprofils scheint auch Nefazodon zur Behandlung des
Sisi-Syndroms wenig geeignet zu sein.

Handelsnamen der genannten Antidepressiva

Reboxetin:	Edronax
Venlafaxin:	Trevilor
Mirtazapin:	Remergil
Nefazodon:	Nefadar

---

7. Pflanzliche Antidepressiva: Johanniskraut

Arzneimitteln pflanzlichen Ursprungs wird in Deutschland
weitaus mehr Vertrauen entgegengebracht als in den anderen
europäischen Ländern und in Nordamerika. Es existiert eine

Art positiver Voreingenommenheit gegenüber »natürlichen« Heilmitteln aller Art. Diese erschwert häufig die objektive Beurteilung der Leistungsfähigkeit von Naturheilmitteln und weckt hohe Erwartungen, die pflanzliche Arzneimittel nicht in allen Fällen erfüllen können. Obwohl in der Natur zahlreiche Substanzen vorkommen, die auf das Zentralnervensystem einwirken, hat die Naturapotheke speziell gegen depressive Verstimmungen nicht viel zu bieten – oder die Wirkstoffe sind vielleicht noch nicht entdeckt worden. Opium, Haschisch, Kokain und andere Halluzinogene sowie Koffein, Nikotin und zahlreiche lähmende Gifte sind auf die Psyche und das Nervensystem einwirkende Naturstoffe und werden seit Jahrtausenden vom Menschen zu den verschiedensten Zwecken genutzt. Gegen depressive Verstimmungen ist bisher nur ein einziger relativ wirksamer Pflanzenstoff bekannt, das Hypericin. Er ist im Extrakt des Johanniskrauts (Hypericum perforatum) enthalten und entfaltet bei ausreichend hoher Dosierung nachweislich eine stimmungsaufhellende Wirkung. Ob allein Hypericin der wirksame Bestandteil des Johanniskrauts ist oder ob auch verschiedene ätherische Öle daran teilhaben, ist noch nicht geklärt. Wahrscheinlich nehmen auch die im Johanniskraut enthaltenen Substanzen Einfluß auf den Stoffwechsel des Botenstoffs Serotonin.

Bei Einnahme von Johanniskraut muß auf eine ausreichende Dosierung geachtet werden, die nicht bei allen auf dem Markt erhältlichen Präparaten gewährleistet ist. Mindestens 900 Milligramm Extrakt sind pro Tag erforderlich, um überhaupt einen Effekt erzielen zu können. Häufig wird jedoch eine höhere Dosis empfohlen.

Nachgewiesen ist die Wirksamkeit von Johanniskraut bisher nur für leichte bis mittelschwere depressive Verstimmungen; für das Sisi-Syndrom und für eine schwere Depression liegen keine Daten vor. Die Einnahme von Johanniskrautpräparaten kann jedoch keinesfalls die ärztliche Beratung und Behandlung ersetzen. Als Sisi-Patient neigen Sie ohnehin dazu, alles in Eigenregie anzugehen und auf fremde Hilfe zu verzichten. Das sollten Sie in diesem Falle nicht tun, sondern sich einem Arzt anvertrauen und mit ihm gemeinsam das weitere Vorgehen besprechen.

8. Andere Medikamente, die bei einer Depression gelegentlich verordnet werden

In einigen Fällen verordnet der Arzt neben den Antidepressiva, die gezielt gegen die depressiven Verstimmungen wirken, weitere Medikamente. Sie helfen gegen andere Beschwerden, die eine Depression begleiten können, oder sollen den Effekt der Antidepressiva verstärken.

Tranquilizer

Gegen Unruhe, Angst und Schlafstörungen werden zu Beginn der Behandlung gelegentlich zusätzlich zum Antidepressivum Tranquilizer verordnet. Diese Medikamente wirken psychisch entspannend und harmonisierend sowie angstlösend. Sie tragen dazu bei, die Zeit, bis das Antidepressivum seine volle Wirkung entfaltet, zu überbrücken. Die meisten Tranquilizer gehören zur Gruppe der Benzodiazepine. Sie unterscheiden sich voneinander in erster Linie durch ihre Wirkdauer.

Benzodiazepine gehören zu den am häufigsten verschriebenen Medikamenten in Deutschland. Leider wird ein beträchtlicher Anteil davon etwas unkritisch und über lange Zeit als Schlafmittel oder als »Beruhigungsmittel« verordnet. Häufig wäre statt jahrelanger Einnahme von Tranquilizern der Beginn einer Psychotherapie angezeigt. Benzodiazepine können bei Dauergebrauch zu körperlicher Abhängigkeit führen. Diese muß nicht unbedingt damit einhergehen, daß man immer größere Mengen des Arzneimittels einnimmt; speziell bei Benzodiazepinen gibt es auch eine Abhängigkeit bei gleichbleibend geringer Dosis. Sie äußert sich in Entzugserscheinungen wie Schlaflosigkeit, Unruhe und Angst, wenn das Medikament abgesetzt wird. Die Suchtgefahr wird gelegentlich etwas übertrieben dargestellt – angesichts der außerordentlich großen Zahl von Anwendern ist die Häufigkeit, mit der sich eine Benzodiazepin-Abhängigkeit bemerkbar macht, relativ gering. Sie droht jedoch nach längerer und regelmäßiger Einnahme von Benzodiazepinen. Soll ein Tranquilizer bei Therapiebeginn ein bis zwei Wochen die Wirkung eines Antidepressivums unterstützen, ist keine Abhängigkeit zu befürchten. Zum längerfristigen Gebrauch sind Benzodiazepine aber keinesfalls geeignet – nicht nur wegen der Abhängigkeitsgefahr, sondern auch, weil durch ihre Einnahme Störungen überdeckt werden und dadurch sinnvollere Therapiemaßnahmen unterbleiben.

Handelsnamen von Tranquilizern

Wegen der Vielzahl von Wirkstoffen und Präparaten, die als Tranquilizer auf dem Markt sind, ist die folgende Liste sehr unvollständig.

Benzodiazepine: Adumbran, Albego, Cassadan, Dalmadorm, Faustan, Frisium, Halcion, Lexotanil, Librium, Loretam, Mogadan, Noctazepam, Normoc, Praxiten, Remestan, Tafil, Tavor, Tranxilium, Valium

Andere Tranquilizer (Handelsnamen): Atarax, Bespar, Insidon, Stilnox, Visano, Ximovan

Neuroleptika

Neuroleptika bekämpfen Wahnsymptome und werden daher in erster Linie zur Behandlung von Schizophrenie eingesetzt. Sie wirken auf ähnliche Weise wie Antidepressiva, indem sie bestimmte Botenstoffsysteme – jedoch andere als die Antidepressiva – im Gehirn beeinflussen. Manche Patienten mit depressiven Verstimmungen leiden unter Wahnvorstellungen und werden daher zusätzlich mit Neuroleptika behandelt. Auch Menschen mit manischer Depression, die entweder nur unter manischen Zuständen leiden oder – was häufiger vorkommt – zwischen manischen und depressiven Episoden wechseln, erhalten zur Behandlung der Manie Neuroleptika. Für die Therapie des Sisi-Syndroms haben Neuroleptika keine Bedeutung.

Handelsnamen von Neuroleptika

Hier ist ebenfalls eine Vielzahl von Wirkstoffen und Präparaten auf dem Markt. Aufgeführt ist deswegen wieder nur eine Auswahl der Handelsnamen:
Dogmatil, Eunerpan, Haldol, Iatroneural, Impromen, Melleril, Neurocil, Orap, Protacyl, Taxilan, Theralene, Truxal

---

Lithium

Einige Menschen erleben im Lauf ihres Lebens mehrfach depressive Verstimmungen. Um diese nicht immer nur dann zu behandeln, wenn sie eingetreten sind, sondern um ihnen vorzubeugen, wird Lithium eingesetzt.
Lithium ist ein häufig in der Natur vorkommendes Alkalimetall, das in Form seiner Salze bereits seit 1886 zur Vorbeu-

gung weiterer melancholischer oder manischer Episoden verabreicht wird. Zur Behandlung von Manien wird es seit 50 Jahren verwendet. Die sogenannte »Lithium-Prophylaxe« ist angebracht, wenn ein Mensch unter Manien oder unter einer Depression leidet, die eine Verbindung zum schizophrenen Formenkreis aufweist. Ein weiterer Einsatzbereich sind depressive Verstimmungen, die wiederholt und in kürzeren Abständen als etwa fünf Jahren auftreten. Dies kann auch beim Sisi-Syndrom vorkommen. Ereignet sich die erste depressive Episode bereits im Jugendalter, wird ebenfalls Lithiumprophylaxe empfohlen.

Lithium hat eine Reihe von Nebenwirkungen, von der Schilddrüsenvergrößerung über einen erhöhten Blutzuckerspiegel bis zur nachlassenden Nierenleistung. Die regelmäßige Kontrolle der Schilddrüse, der Nieren, des Herz-Kreislauf-Systems und des Zuckerstoffwechsels sind daher bei der Lithiumeinnahme notwendig. Da der Grat zwischen wirksamer Lithiumdosis und nebenwirkungsreicher Überdosierung schmal ist, muß zudem die Lithiumkonzentration im Blut überwacht werden. Zittern, starkes Durstgefühl, Gewichtszunahme und sexuelle Lustlosigkeit sind weitere Probleme, die im Rahmen der Lithiumeinnahme auftreten können. Trotz all dieser Nebenwirkungen ist die Lithiumprophylaxe eine gute Möglichkeit, um häufig wiederkehrende depressive Episoden zu vermeiden oder zu mildern. Studien haben ergeben, daß sich durch Lithium etwa 70 Prozent dieser Episoden ganz vermeiden oder wesentlich erleichtern lassen. Leider zeigt sich die Wirkung manchmal erst nach anderthalb Jahren, so daß eine depressive Verstimmung innerhalb dieser Zeit kein Anlaß sein sollte, um die Lithiumbehandlung abzubrechen.

Die Therapie mit Lithium beginnt in der Regel in der abklingenden Phase der depressiven Episode, wenn der Betroffene bereits mit einer verminderten Dosis des Antidepressivums auskommt. Sie wird dann über mehrere Jahre fortgesetzt und erst dann mit vorsichtig verringerter Dosierung »ausschleichend« beendet, wenn einige Jahre lang keine depressive Verstimmung mehr aufgetreten ist.

Handelsnamen von Lithiumsalzen

Quilonum (Lithiumazetat), Hypnorex retard (Lithiumkarbonat), Quilonum retard (Lithiumkarbonat), Lithium-Duriles (Lithiumsulfat)

Carbamazepin

Kann ein Patient, der wegen seines Krankheitsverlaufs eigentlich eine Lithiumprophylaxe erhalten sollte, diese wegen einer Nierenkrankheit oder eines Herzleidens nicht durchführen, so gibt es noch einen Ausweg: den Wirkstoff Carbamazepin, der hauptsächlich gegen Epilepsie eingesetzt wird. Zufällig entdeckte man in den siebziger Jahren, daß Carbamazepin auch vorbeugend gegen depressive und manische Episoden wirkt, allerdings nicht in gleichem Maße wie Lithium. Es wird daher nur dann angewendet, wenn der Patient entweder kein Lithium einnehmen darf oder dieses nicht ausreichend hilft. Carbamazepin kann auch mit Lithium kombiniert werden.

Handelsnamen von Carbamazepin

Finlepsin, Fokalepsin, Sirtal, Tegretal, Timonil

---

9. Die häufigsten Bedenken bei Beginn einer Therapie mit Antidepressiva

Werde ich durch die Medikamente aufgekratzt oder völlig ruhiggestellt?

Weder das eine noch das andere. Wenn Sie an einer depressiven Verstimmung mit starker Antriebshemmung leiden, ist eine Beseitigung oder Linderung dieser Hemmung erwünscht. Haben Sie diese Hemmung nicht, wirken Antidepressiva auch nicht »aufkratzend«. Leiden Sie an einer Depression mit verstärkter Unruhe, so kann eine leichte Dämpfung Ihr Befinden ebenfalls bessern. Einige moderne Antidepressiva wie die SSRI verändern den Antrieb praktisch überhaupt nicht.

Habe ich noch normale Gefühle, wenn ich Antidepressiva nehme?

Genau darin besteht das Ziel der Therapie: wieder »normale« Gefühle zu empfinden, die zuvor durch die depressive Verstimmung verschüttet und unterdrückt waren. Die Krankheit läßt die Gefühle entschwinden, und die medikamentöse Behandlung macht sie wieder erlebbar.

Kann ich während der Behandlung wie gewohnt weiterleben, oder muß ich mein Verhalten ändern?

Abgesehen von den alten MAO-Hemmern, bei denen die Einhaltung einer strengen Diät erforderlich ist, gibt es nur wenige Regeln zu beachten. Zum einen vertragen sich die meisten Antidepressiva – wie auch viele andere Medikamente – nicht gut mit Alkohol, zum anderen kann vor allem zu

Beginn der Behandlung die Verkehrstüchtigkeit eingeschränkt sein. Fragen Sie Ihren Arzt, wann Sie wieder Auto fahren dürfen.

Kann ich mein Sport- und Aktivitätsprogramm während der Behandlung weiterführen?

Diese Frage stellen nur depressive Patienten mit Sisi-Syndrom, denn praktisch alle anderen können sich zu nichts mehr aufraffen und haben das gegenteilige Problem: ihr ohnehin schon stark reduziertes Tagesprogramm über die Runden zu bringen. Tun Sie alles, was Sie sich zutrauen und bewältigen können. Das Antidepressivum wird Sie nicht daran hindern. Im Verlauf der Behandlung werden Sie allerdings bemerken, daß Ihr rastloser Drang nach ständiger Aktivität nachläßt und Sie sich mehr Ruhe gönnen möchten. Dies ist ein gutes Zeichen; es spricht für den Erfolg der Therapie. Unternehmen Sie immer genau so viel, wie Sie möchten – auf diese Weise werden Sie am raschesten Ihr Gleichgewicht und Ihre natürliche Balance zwischen Ruhe und Aktivität wiederfinden. Die Aktivität kann ebenso Therapie sein wie die Ruhe – alles zu seiner Zeit.

Nehme ich während der Behandlung zu?

Nicht unbedingt, aber es läßt sich auch nicht ausschließen. Bei trizyklischen Antidepressiva kommt es häufiger zu einer Appetitsteigerung mit nachfolgender Gewichtszunahme, bei den SSRI scheint dieses Problem seltener aufzutreten. Da viele Patienten mit Sisi-Syndrom aber gleichzeitig an Eßstörungen leiden und daher bei Beginn der Behandlung eher untergewichtig sind, kann eine leichte Gewichtszunahme durchaus von Vorteil sein. Zu einer »Tonne« werden Sie deswegen nicht.

Wodurch entscheidet sich, welches Medikament ich bekomme?

Es gibt zwar bestimmte Erfahrungswerte, nach denen bestimmte Depressionsformen auf bestimmte Medikamente gut und auf andere weniger gut ansprechen, aber diese Regeln sind nicht ohne Ausnahmen. Der Arzt wird Ihnen also zunächst das Medikament verordnen, mit dem er in vergleichbaren Fällen schon Erfolge erzielt hat und das er aufgrund seiner Kenntnisse für das geeignetste hält. Eine hundertprozentige Treffsicherheit gibt es jedoch nicht, und in einigen Fällen muß das Medikament gewechselt werden. Dies geschieht meist erst nach einigen Wochen, denn die Wirksamkeit eines Antidepressivums läßt sich nicht schon nach wenigen Therapietagen beurteilen. Drei bis vier Wochen kann es schon dauern, bis das Medikament seine Wirkung voll entfaltet. Möglicherweise muß, wenn das Präparat gewechselt werden soll, ein gewisser Zeitraum abgewartet werden, ehe mit der neuen Therapie begonnen werden kann. Das ist vor allem bei MAO-Hemmern der Fall.

Werde ich von den Medikamenten abhängig?

Nein. Antidepressiva sind keine Tranquilizer wie Valium oder bestimmte Hypnotika. Für keines der erwähnten Antidepressiva ist ein Abhängigkeitsrisiko bekannt. Auch das Ende der Behandlung oder abruptes Absetzen führt nicht zu Entzugserscheinungen.

Wie lange muß ich das Antidepressivum einnehmen?

Auf jeden Fall länger, als die akuten Beschwerden andauern. Die Behandlung sollte mindestens sechs Monate fortgeführt werden, auch wenn die depressive Episode rascher abgeklungen ist und Sie sich gut fühlen. Handelt es sich bereits um eine zweite oder mehrfach wiederkehrende Episode, wird der Arzt Ihnen möglicherweise eine weitaus länger dauernde Therapie in Aussicht stellen.

Erhöhen Antidepressiva das Selbstmordrisiko?

Nein. Kritisch kann lediglich der Moment werden, in welchem der Patient noch stark getrübter Grundstimmung ist, sich der Antrieb jedoch durch eine beginnende Behandlung bereits gebessert hat. In dieser Situation hat man noch viele Suizidgedanken, die vor Beginn der Therapie wegen des mangelnden Antriebs nicht in die Tat umgesetzt wurden. Kommt der Antrieb vor der Stimmungsaufhellung zurück, kann eine gefährliche Phase eintreten. Stark suizidgefährdete Patienten sollten daher ihre Behandlung in einer Klinik anfangen.

IX. PSYCHOTHERAPEUTISCHE VERFAHREN

Jegliche Behandlung von depressiven Verstimmungen bedarf einer einfühlsamen, verständnisvollen und fürsorglichen Grundhaltung des Arztes oder Therapeuten. Er oder sie sollte den Kranken stützen, ihn aber auch als individuellen Menschen mit seinen Problemen, Sorgen, Konflikten und Ansprüchen ernst nehmen und akzeptieren. Diese Einstellung bezeichnen viele Psychiater als »psychotherapeutisches Basisverhalten«. Jeder Arzt, gleich ob Allgemeinmediziner oder Psychiater, sollte gegenüber Menschen mit depressiver Verstimmung diese Haltung einnehmen. Sie ist eigentlich eine grundlegende Anforderung an ärztliches Verhalten bei jeder Krankheit, von ganz wenigen Ausnahmen abgesehen. Allerdings machen sich häufig nur Psychiater diese Haltung bewußt und versuchen, gegebenenfalls ungünstiges eigenes Verhalten zu korrigieren. Im Alltag einer Hausarzt- oder internistischen Praxis bleibt für derlei Selbstreflexion leider oft keine Zeit.

1. Psychotherapie

Die eigentliche Psychotherapie grenzt sich von diesem weiten Begriff des psychotherapeutischen Basisverhaltens ab. Sie geht nach bestimmten methodischen Regeln vor. Ihre Wurzeln reichen bis ins vergangene Jahrhundert zurück. Begründet wurde sie vor allem durch die Hypnoseforschung und die psychoanalytischen Studien Sigmund Freuds, die in den ersten Jahrzehnten des 20. Jahrhunderts zahlreiche Abwandlungen erfuhren und heute noch die Basis für die psychodynamischen Verfahren darstellen. In den zwanziger und dreißiger Jahren kamen die körperbezogenen Methoden hinzu: Als erstes entwickelte Johannes Heinrich Schultz das Autogene Training, ein Entspannungsverfahren mit selbsthypnotischen Elementen. Kurz darauf folgte Edmund Jacobson mit der Progressiven Muskelrelaxation, einer ähnlichen Methode der selbstgesteuerten Entspannung. Beide Verfahren zählen zwar im engeren Sinn nicht zur Psychotherapie, sondern sind leiblich orientierte Methoden, werden aber wegen ihres autosuggestiven Ansatzes häufig unter den Psychotherapien mit aufgeführt. Sie sind heute noch weit verbreitet und können Patienten mit Sisi-Syndrom wertvolle Ruhemomente verschaffen.

In den fünfziger Jahren wurde die individuelle Psychotherapie durch die Gruppentherapie ergänzt, die sich unter anderem auch zu den Sonderformen Paartherapie und Familientherapie weiterentwickelte. Einen wesentlichen neuen Ansatz, der ebenfalls aus dieser Zeit stammt, stellte die Verhaltenstherapie dar. Ihre Grundlagen wurden von Psychologen vielfach mit experimentellen Mitteln erforscht; die Verhaltenstherapie arbeitet insbesondere mit lernpsychologischen Erkenntnissen. Die seit Mitte der sechziger Jahre von Aaron Beck entwickelte kognitive Psychotherapie versucht eine Zusammenführung von psychodynamischen und verhaltenstherapeutischen Verfahren; ein Ansatz, der sich in der Praxis bei depressiven Verstimmungen bewährt hat. Darüber hinaus gibt es eine unüberschaubare Fülle von psychotherapeutischen Behandlungsmöglichkeiten. Leider sind nicht alle seriös und dem Wohl des Patienten verpflichtet. Vor Beginn einer jeden Psychotherapie sollte daher die gründliche Information, möglichst aus mehreren Quellen, über den Therapeuten und die von ihm geplante Therapie stehen. Wie bereits erwähnt, ist auch ein Gespräch mit der Krankenkasse dringend zu empfehlen. Dabei lassen sich einerseits die Kostenübernahme klären, andererseits aber auch deren Beurteilung des Therapeuten erfragen und seine Kassenzulassung abklären.

Eine grobe Gliederung – die aber von vielen Psychotherapeuten wieder ganz anders vorgenommen werden würde – bietet die Trennung in tiefenpsychologisch fundierte Verfahren, in verhaltenstherapeutische Ansätze einschließlich der kognitiven Psychotherapie, in die humanistische Psychotherapie mit ihren sogenannten klienten- oder personenzentrierten Ansätzen und in die Familientherapie.

Tiefenpsychologische Verfahren

Die **klassische Psychoanalyse** wird heute bei depressiven Verstimmungen nur noch selten durchgeführt. Ihr liegt ein eigenständiges Bild vom Wesen und der Entstehung von Depression zugrunde. Demnach zeigt sich diese als intrapsychischer Konflikt, in dem der Betroffene sich selbst nicht belohnen und positiv verstärken kann. Die Psychoanalyse will die Persönlichkeitsstruktur des Klienten ändern, ihn »nachreifen« lassen. Dieser Weg, der sich nicht um die Behandlung der Symptome kümmert, ist lang und beschwerlich. Er belastet den Patienten außerordentlich und kann beim Sisi-Syndrom nicht empfohlen werden.

Die **tiefenpsychologisch orientierte Psychotherapie** ist aus der Psychoanalyse abgeleitet, beschränkt sich aber auf einen konkreten Konflikt. Dabei sollen weniger frühere Probleme aufgedeckt, sondern vielmehr aktuelle verstanden werden.

Diese Behandlungsform dauert bei einer Sitzung wöchentlich anderthalb bis zwei Jahre und kann nur dann zum Erfolg führen, wenn das Problem einigermaßen klar umrissen und der Patient in seiner Persönlichkeit relativ gefestigt sind. Obwohl dieses Verfahren bei depressiven Verstimmungen häufig angewandt wird, existieren keine wissenschaftlichen Daten zu seiner Wirksamkeit. Viele Psychotherapeuten schätzen dieses Verfahren jedoch.

Bei der **psychoanalytischen Gruppentherapie** werden nicht etwa mehrere Patienten gleichzeitig von einem Therapeuten behandelt, sondern die Gruppe therapiert den einzelnen. Der Therapeut wendet sich nur in Ausnahmefällen an einen einzelnen Teilnehmer, sondern spricht stets mit der Gruppe in ihrer Gesamtheit. Eine Gruppe umfaßt in der Regel fünf bis zehn Teilnehmer. Diese Therapie setzt voraus, daß der Patient in der Lage ist, sowohl in der Gruppe über sich selbst zu sprechen als auch auf die anderen Teilnehmer einzugehen.

2. Verhaltenstherapie

Diese Therapierichtung geht von der Erkenntnis aus, daß ein großer Teil menschlichen Verhaltens erlernt ist. Krankhaftes und auffälliges Verhalten wird hier als fehlerhaft erlerntes Verhalten angesehen, das durch neu erlernte, geeignetere Verhaltensmuster ersetzt werden kann. Die Voraussetzung dafür ist die systematische Beobachtung, genaue Erfassung und Dokumentation des Verhaltens in bestimmten Situationen. Hierzu werden meist Tagesprotokolle verwendet, die der Patient ausfüllt und anschließend mit dem Therapeuten diskutiert. Dabei werden nach und nach die negativen Perspektiven des Patienten durch realistische positivere ersetzt.

Das als fehlerhaft identifizierte Verhalten muß dann gelöscht und durch »gesundes« ersetzt werden. Dazu dienen verschiedene Verfahren.

Eine Depression resultiert in der Denkweise der Verhaltenstherapeuten aus fehlerhaften Denkmustern, die zu einem pessimistischen Weltbild, abwertender Wahrnehmung der Umwelt und einer insgesamt negativ verzerrten Perspektive geführt haben. Der Schwerpunkt verhaltenstherapeutischer Arbeit liegt damit zwar in der Gegenwart, aber dennoch ist es zum Verständnis der fehlgeleiteten Verhaltensweisen notwendig, in der Biographie des Betroffenen die Ursachen für seine Defizite aufzuspüren und ihm direkt oder indirekt provozierte Selbsterkenntnis zu vermitteln. Der oft schmerzliche Weg in die eigene Vergangenheit bleibt einem also auch bei der Verhaltenstherapie nicht ganz erspart. Die reine lerntheoretische Umsetzung von Lernen durch Lob und Tadel, durch positives Verstärken und Strafen, die die Anfänge der Verhaltenstherapie charakterisierte, ist heute einer ganzheitlicheren Betrachtung gewichen.

3. Kognitive Therapie

Bei der kognitiven Verhaltenstherapie wird der lerntheoretische Ansatz um die psychodynamische Dimension erweitert. Das kognitive Modell geht davon aus, daß die Ursache für negative Gefühle negative Gedanken sind. Wenn meine Gedanken um die Überzeugung kreisen, daß ich den Ansprüchen der Umgebung nicht genüge, unzulänglich und minderwertig bin, dann entstehen daraus die entsprechenden Schuld- und Minderwertigkeitskomplexe. Dies ist – in grober Verkürzung – in etwa das Gegenteil der psychoanalytischen Theorie, in welcher negative Gefühle düstere Gedanken produzieren. Ursache und Wirkung werden also bei den beiden Verfahren gegeneinander ausgetauscht. Ob das eine »richtig« und das andere »falsch« ist, läßt sich nicht entscheiden. Beides sind nur Denkmodelle, Erklärungsversuche eines vielschichtigen Phänomens.

Die Behandlung besteht in der schrittweisen Korrektur der fehlerhaften Denkstrukturen zum Beispiel mit Hilfe der erwähnten Tagesprotokolle. Die Denkfehler, die korrigiert werden müssen, zeigen typische Strukturen, die Aaron Beck 1967 als die sechs systematischen »kognitiven Fehler« beschrieben hat:

Willkürliche Schlußfolgerungen – Es werden bestimmte, stets negative Schlüsse gezogen, obwohl gar kein Beweis dafür und oft genug sogar einer dagegen vorliegt. Dabei wählt der Betroffene immer die schlechteste aller denkbaren Möglichkeiten.

Selektive Verallgemeinerung – Ein völlig aus dem Zusammenhang gerissenes Detail wird als Mittelpunkt betrachtet. Alle anderen Fakten und Situationsmerkmale ignoriert man komplett. Diese verstümmelte Perspektive dient dann zur Beurteilung der gesamten Situation.

Übergeneralisation – Ein Verarbeitungsmuster, bei dem eine allgemeine Regel durch die Betrachtung einiger isolierter Vorfälle aufgestellt und diese Regel fortan auf alle nur entfernt ähnlichen Situationen angewandt wird.

Maximierung und Minimierung – Die Bedeutung eines Ereignisses wird ganz verzerrt beurteilt; sie erscheint übergroß, wenn das Ereignis für den Betroffenen negativ war, aber winzig, wenn ein Erfolg oder ein anderes positives Ereignis zu vermelden wäre.

Personalisierung – So bezeichnet man die Neigung des Patienten, äußere Ereignisse auf sich zu beziehen, obwohl es gar keinen Anhaltspunkt für einen solchen Zusammenhang gibt.

Verabsolutiertes Schwarzweiß-Denken – Es besteht die Neigung, alle Erfahrungen in zwei sich ausschließende Kategorien einzusortieren: schwarz oder weiß, gut oder schlecht, sauber oder schmutzig. Zwischentöne und Abstufungen existieren nicht mehr. Wenn der Patient sich selbst beurteilen soll, wählt er extrem negative Beschreibungen.

Diese Denkfehler gilt es zu erkennen und zu korrigieren. Becks Verständnis der Depression beruht auf der Theorie, daß es zwei Arten von Wahrnehmung und Verarbeitung der Realität gibt: eine »reife« und eine »primitive«. Menschen mit depressiven Verstimmungen neigen nach Becks Theorie dazu, ihre Erfahrungen eher in der »primitiven« Weise zu strukturieren. Dies führt dazu, daß der depressive Patient seine Erfahrungen als total negativ und vor allem als nicht korrigierbar ansieht. Diese Denkstruktur soll bei der kognitiven Therapie aufgebrochen und durch eine realistische, reife ersetzt werden.

4. Humanistische Psychotherapie

Unter diesem Oberbegriff werden die Verfahren zusammengefaßt, die für sich in Anspruch nehmen, nicht ein Krankheitsbild oder eine Störung in den Brennpunkt ihres Interesses zu rücken, sondern den davon betroffenen Menschen. Sie werden auch als »klientenzentrierte« oder »personenzentrierte« Psychotherapie nach Carl Rogers oder als »Gesprächstherapie« bezeichnet. Auch die Gestalttherapie und das Psychodrama zählen zu diesen Methoden.

Die **klientenzentrierte Therapie** folgt keiner spezifischen Lehre, sondern integriert erlebnisorientierte, einübende und konfliktzentrierte Verfahren. Die Grundannahme dieser Therapieform besteht darin, daß jeder Mensch über ausreichend eigene Kräfte verfügt, um seine Probleme selbst zu lösen. Diese Kräfte sind bei depressiven Patienten verschüttet und müssen freigelegt und geweckt werden. Die Entfaltung dieser Eigenkräfte ermöglicht der Therapeut, indem er den Patienten vorbehaltlos akzeptiert, jede Regung nachzuvollziehen versucht und nie wertet. Der Klient – der Begriff »Patient« wird wegen der darin ausgedrückten Passivität vermieden – gibt im Lauf dieser Therapie niemals die Eigenverantwortlichkeit ab, sondern er steuert den Verlauf selbst. Wird die Gesprächstherapie mit verhaltenstherapeutischen Verfahren wie zum Beispiel mit dem Training der sozialen Kompetenz kombiniert, scheint sie effektiver zu werden. Die Gesprächspsychotherapie zählt nicht zu den üblicherweise von den Krankenkassen erstatteten Therapieformen; sie ist in den Kassenrichtlinien nicht enthalten.

Die **Gestalttherapie** bezieht ihr theoretisches Rüstzeug weitgehend aus der Psychoanalyse. Sie betont aber die Fähigkeit des Menschen, seine Defizite selbst zu beheben, und ist hierin der Gesprächstherapie verwandt. Die Klienten sollen hierbei lernen, ihre Gefühle besser zu verstehen, auszudrücken und sich nach den eigenen Gefühlen und denen anderer zu richten. Techniken der Gestalttherapie sind zum Beispiel Rollenspiele und Körperarbeit.

5. Familientherapie

Die Familientherapie ist der jüngste Zweig der Psychotherapie. Zwar hat bereits die Psychoanalyse die familiären Strukturen des Patienten genau betrachtet, und auch die Kinderpsychotherapie bezieht seit langem bereits die Familie mit ein, die heutige Familientherapie geht jedoch darüber hinaus. Sie zielt therapeutisch auf die Familie selbst ab, also auf eine komplexe Beziehungsstruktur statt auf ein Einzelwesen. Obwohl sie eine junge Disziplin ist, sind die Schulen und Methoden der Familientherapie zahlreich. Beim Sisi-Syndrom kann Familientherapie auch dazu dienen, den Angehörigen und dem Betroffenen selbst einen veränderten Umgang mit der Krankheit zu ermöglichen. Da jede depressive Episode eine große Belastung nicht nur für den Betroffenen, sondern auch für die Familie bedeutet, ist eine therapeutische Einbindung der Angehörigen durchaus sinnvoll. Andernfalls können sie sich überfordert und vom Kranken abgelehnt fühlen, was wiederum dessen Minderwertigkeitsgefühle und seine Vereinsamung verstärkt.

Familientherapeutische Interventionen sind meistens kurz, umfassen oft nur zehn bis 15 Sitzungen in unregelmäßigen Abständen. Teilnehmen sollten daran alle Familienmitglieder. Ob mit einem oder mehreren Therapeuten gearbeitet wird, hängt von individuellen Faktoren ab.

6. Entspannungsverfahren

Die beiden bekanntesten, bereits erwähnten Entspannungsverfahren sind das Autogene Training und die Progressive Muskelrelaxation nach Jacobson. Beide Methoden sind fast gleichzeitig in den zwanziger Jahren entwickelt worden und ähneln sich sehr. Gearbeitet wird mit autosuggestiven Formeln, die nach einer Einübungsphase die muskuläre Entspannung bestimmter Körperpartien zum Ziel haben. Entspannungsverfahren werden im allgemeinen für depressive

Patienten nicht empfohlen. Bei Menschen mit Sisi-Syndrom können sie jedoch durchaus die Therapie ergänzen, weil sie helfen, die Rastlosigkeit abzubauen, und Momente der Ruhe und Entspannung schaffen.

X. SONSTIGE THERAPIEN

1. Schlafentzug (Wachtherapie)

Der Schlaf und insbesondere der Schlafrhythmus spielen bei verschiedenen psychischen Krankheiten eine bedeutende Rolle. Schlafstörungen, also Veränderungen der üblichen Schlafdauer, meist kombiniert mit einer schlechteren Schlafqualität, sind ein sehr häufiges Symptom des Sisi-Syndroms wie auch depressiver Verstimmungen im allgemeinen. Obwohl Sie das Gefühl haben, ohnehin zu wenig zu schlafen und sich dabei überhaupt nicht zu erholen, kann zusätzlicher Schlafentzug in vielen Fällen das Befinden bessern. Diese über 30 Jahre alte Beobachtung des Tübinger Psychiaters Walter Schulte wurde inzwischen in zahlreichen wissenschaftlichen Studien belegt. Obwohl man den Wirkungsmechanismus bisher nicht vollständig aufklären konnte, hat der Schlafentzug einen festen Platz im Behandlungsrepertoire depressiver Verstimmungen erobert. Vor allem zu Beginn einer antidepressiven Behandlung unterstützt Schlafentzug die rasche Besserung der Beschwerden.

Wie wird der Schlafentzug durchgeführt?

Während früher »einfach« eine ganze Nacht nicht geschlafen, an den Tagen davor und danach zu den üblichen Zeiten ins Bett gegangen wurde, gibt es heute eine etwas weniger anstrengende Variante der Wachtherapie. Da offenbar der Schlaf der frühen Morgenstunden einen verstärkenden Effekt auf die Depression hat, nicht jedoch der Schlaf vor Mitternacht, wird eine Nacht lang nur die erste Nachthälfte geschlafen. Sie gehen abends früh ins Bett, werden aber zwischen Mitternacht und ein Uhr morgens geweckt. Der folgende Tag sollte in gewohnter Weise verbracht werden, also ohne Schlaf tagsüber. In der nächsten Nacht wird wieder zu den üblichen Zeiten geschlafen.

Das fällt den meisten Betroffenen leichter als gedacht – und auch leichter als Gesunden. In den Kliniken wachen meist mehrere Patienten gemeinsam, machen zum Beispiel Spiele und unterstützen sich auf diese Weise gegenseitig.

Die Besserung der Stimmung setzt oft bereits in den frühen Morgenstunden ein – einer sonst ganz besonders quälenden Zeit. Sie hält allerdings nur kurzfristig an, manchmal nur einen Tag.

Nach etwa einer Woche kann der Schlafentzug wiederholt werden. Um die Wirkungsdauer der »Wachtherapie« zu verlängern, führen einige Kliniken zusätzlich eine sogenannte Schlafphasenverlagerung durch. Dies bedeutet, daß auf eine Nacht mit Schlafentzug eine Woche folgt, in welcher der Schlafbeginn ganz allmählich vom späten Nachmittag auf den Abend verschoben wird. Am Tag nach dem Schlafentzug gehen Sie nachmittags gegen 16 Uhr ins Bett und schlafen bis gegen Mitternacht. An den folgenden Tagen beginnt der »Nachtschlaf« jeweils eine Stunde später, bis die gewohnte abendliche Einschlafzeit wieder erreicht ist. Dieses Vorgehen scheint den stimmungsaufhellenden Effekt des Schlafentzugs zu verlängern. Bisher wird die Schlafphasenverlagerung allerdings nur von einigen Kliniken angeboten, die sich besonders intensiv mit der Behandlung depressiver Patienten beschäftigen. Die Behandlung mittels Schlafentzug hat keine Nebenwirkungen und ist bei etwa 70 Prozent der Patienten mit depressiven Verstimmungen zumindest teilweise erfolgreich. Sehr positiv ist dabei auch die Erfahrung, selbst aktiv gegen die Krankheit vorgehen zu können – eine Strategie, die Menschen mit Sisi-Syndrom ja bevorzugen. Wer in einer Klinik die Wachtherapie kennengelernt hat, kann sie ohne Bedenken auch zu Hause durchführen. Ohne Absprache mit dem Arzt und ohne gesicherte Diagnose sollte man sich allerdings nicht daran versuchen. Zum einen gibt es eine kleine Gruppe von Patienten, denen diese Behandlung schaden kann: stark suizidgefährdeten Menschen und solchen, die im Laufe ihrer Krankheit auch manische Phasen durchleben. Zum anderen ist es gar nicht so einfach, ohne fremde Hilfe eine ganze oder halbe Nacht lang konsequent wach zu bleiben. Bereits wenige Minuten »Einnicken« können die ganze Mühe zunichte machen, und diese frustrierende Erfahrung sollte man sich besser ersparen.

Schlafentzug kann man einsetzen, so oft er notwendig erscheint. Die vollständige und anhaltende Heilung allein durch Schlafentzug ist allerdings selten. Die besten Ergebnisse erreicht man in der Kombination mit antidepressiv wirksamen Medikamenten.

2. Lichttherapie

Bei manchen Menschen sind die depressiven Episoden an die Jahreszeit gekoppelt; sie treten regelmäßig in den Wintermonaten auf. Als Ursache gilt die verminderte Einstrahlung von Tageslicht einer bestimmten Wellenlänge, das offenbar für die Balance des Serotoninsystems notwendig ist. Die Symptome dieser sogenannten »seasonal affective disorder« unterscheiden sich zum Teil von den üblichen Anzeichen einer depressiven Verstimmung und auch vom Sisi-Syndrom. So kommt es dabei häufig zu Heißhunger auf kohlenhydratreiche Speisen mit nachfolgender Gewichtszunahme. Auch von vermehrtem Schlafbedürfnis wird berichtet. Die regelmäßige Behandlung mit Licht der speziellen Wellenlänge bessert diese Depressionsform, allerdings ist trotzdem in den meisten Fällen die Einnahme antidepressiv wirksamer Medikamente notwendig. Zudem beansprucht die Lichttherapie etwa zwei Stunden pro Tag. Patienten mit Sisi-Syndrom dürften von einer Lichttherapie nur dann profitieren, wenn sich bei ihnen die beschriebene ausgeprägte jahreszeitliche Schwankung zeigt.

3. Elektrokrampftherapie

»Elektroschocks? Nie im Leben, das ist doch Folter!« – Dies ist in Deutschland die übliche Reaktion auf das Stichwort Elektrokrampfbehandlung. Diese Reaktion ist allerdings mehr politisch-weltanschaulich motiviert als fachlich untermauert. Psychiater in Amerika und in anderen europäischen Ländern bieten diese Therapieform ihren Patienten häufiger an und stehen der Krampftherapie lange nicht so ablehnend gegenüber wie die deutsche Öffentlichkeit. Bei dieser Behandlung wird durch elektrische Reize im Gehirn ein Krampfanfall ausgelöst, der etwa 30 Sekunden dauern soll. Der Patient erhält zuvor eine Vollnarkose, so daß er weder die Elektrostimulation noch den Krampfanfall wahrnimmt. Meist sind sechs bis zehn Behandlungen notwendig, die im Abstand von etwa zwei Tagen vorgenommen werden. Die Wirkungsweise der Elektrokrampfbehandlung ist im einzelnen nicht bekannt. Wahrscheinlich breitet sich die oberflächlich erzeugte Krampfaktivität auf tiefgelegene Hirnstrukturen aus, in denen sich die depressive Verstimmung abspielt, und verändert dort die Konzentrationen der Botenstoffe wie Serotonin.

Die Elektrokrampftherapie ist natürlich trotz ihrer unbestrittenen Wirksamkeit ein Verfahren, das nur dann eingesetzt wird, wenn die anderen Behandlungsmöglichkeiten erschöpft sind und sich insbesondere Medikamente als nicht ausreichend wirksam erwiesen haben. Dies kommt gelegentlich bei einer sehr schweren Depression vor. Beim Sisi-Syndrom ist ein solcher Schweregrad nicht zu befürchten, denn die aktive Verarbeitungsstrategie der Patienten schützt sie vor dem Fall in das totale Nichts, den schwerstdepressive Menschen erleben.

XI. DAS GEFÄHRLICHE DREIECK:

depressive Verstimmung – Angst – Zwang

1. Angst

Ängste kennt jeder Mensch – sie sind Bestandteil des Lebens. Fast jeder wird vor einer Prüfung nervös, beginnt zu schwitzen, bekommt feuchte Hände oder verspürt ein Rumoren im Bauch. Auch wenn »das Herz bis zum Halse schlägt«, steckt meist Angst dahinter. Ganz zu schweigen von den realen Ängsten vor Gefahr, angesichts eines Raubtiers oder eines Verkehrschaos, das man als Fahrradfahrer durchqueren soll. Von diesen stets auf eine konkrete Situation bezogenen Angstgefühlen unterscheidet sich die krankhafte Angst zum einen durch ihre ungleich stärkere Ausprägung, zum anderen dadurch, daß sie nicht von einer nachvollziehbaren Bedrohung hervorgerufen wird. Die Betroffenen können nur sagen, daß sie Angst haben, aber über den Inhalt ihrer Ängste machen sie nur sehr vage Angaben. Frau B. grübelt darüber, »wie es die nächsten Jahrzehnte weitergehen soll«, obwohl sie weder gesundheitliche noch familiäre, noch materielle reale Bedrohungen fürchten muß. Auch Frau K. macht sich sehr unbestimmte Sorgen.

Eine andere Form der Angststörung sind sehr starke Ängste, die regelmäßig in Situationen auftreten, die für andere Menschen überhaupt nichts Furchterregendes an sich haben. Man nennt diese manchmal anfallsartig hereinbrechenden Ängste Phobien. Beispiele hierfür sind Panik in engen geschlossenen

Räumen wie zum Beispiel Fahrstühlen (Klaustrophobie) oder auf großen offenen Plätzen (Agoraphobie), Angst vor Spinnen oder anderen – ungefährlichen – Tieren oder auch die Angst, anderen Menschen begegnen und vor ihnen sprechen oder handeln zu müssen. Sisi litt an mindestens zwei derartigen Ängsten: An Klaustrophobie in engen, dunklen Kammern und Gängen und an der als »soziale Phobie« bezeichneten Angst vor öffentlichen Auftritten. Letztere war bei ihr stark ausgeprägt: die erste Attacke überfiel sie bereits während ihrer Hochzeit, als sie angesichts der versammelten Höflinge fluchtartig den Audienzsaal verließ und in einem Nebenzimmer erst einmal einen Weinkrampf niederringen mußte, ehe sie die Gratulationscour bewältigen konnte. Auch später gab es in Sisis Leben immer wieder Phasen, in denen sie dem öffentlichen Leben fernblieb – und sich mehr zurückzog, als es ihrer Stellung als Kaiserin von Österreich angemessen war. Ängste sind – auch unabhängig von depressiven Verstimmungen – sehr häufig. Etwa jeder siebte Europäer leidet mindestens einmal im Leben an einer behandlungsbedürftigen Angst. Frauen sind davon häufiger betroffen als Männer. Bei drei von vier depressiven Patienten gilt die Angst als Hauptursache für Unruhe, Schlafstörungen und auch für Selbstmordgedanken. Angst macht hilflos und unselbständig – ein Zustand, den gerade Menschen mit Sisi-Syndrom überhaupt nicht ertragen können. Herr S. reagiert äußerst ungehalten, geradezu »allergisch« auf alles, was er als »passiv« ansieht. Passivität, Unselbständigkeit und Hilfsbedürftigkeit passen nicht zu seinem betont männlich-aktivem Selbstbild und werden daher entschlossen durch eine Vielzahl von Aktivitäten bekämpft. Diese Reaktionsweise ist typisch für Patienten mit Sisi-Syndrom. Sie wollen alles in der Hand haben, jederzeit Herr der Lage sein. Herr S. kämpft beruflich und beim Sport gegen sein Schreckgespenst der Unselbständigkeit und des mangelnden Aktivseins an. – Und Sisi füllte ihren gesamten Tag mit einsamen Betätigungen wie Turnen, Reiten und Spazierengehen, um angstauslösenden Situationen mit anderen Menschen auszuweichen und gleichzeitig keinesfalls passiver Spielball der Hofetikette zu werden.

Zur Behandlung von Ängsten wird eine breite Palette verschiedener Medikamente eingesetzt. Die Antidepressiva, und unter diesen die Serotonin-Wiederaufnahmehemmer, haben einen speziellen angstlösenden Effekt. Sie eignen sich besonders für im Rahmen des Sisi-Syndroms auftretende Ängste. Geht die Angststörung nicht mit einer depressiven Verstimmung einher, kommt eine Reihe anderer Wirkstoffe ebenfalls in Betracht. Gegen leichte Ängste werden auch häufig pflanzliche Präparate wie Kava-Kava, Hopfen, Baldrian und Johanniskraut eingesetzt. Eine spezielle angstlösende Wirkung wurde bei wissenschaftlicher Überprüfung bisher nur für Kava-Kava-Produkte gefunden. Alle anderen pflanzlichen Substanzen wirken lediglich allgemein beruhigend und schlaffördernd. Johanniskraut wird ein leichter antidepressiver Effekt zugeschrieben. Kavain, das Kava-Harz, ist ein kompliziertes Gemisch von vielerlei Substanzen, das aus dem Wurzelstock des in Polynesien und Neuguinea wachsenden Rauschpfeffers gewonnen wird. Kavain eignet sich nur zur Behandlung leichter Angstzustände. Bei ausgeprägteren Störungen und beim Sisi-Syndrom ist es nicht geeignet.

2. Zwang

Zwangshandlungen sind – genau wie Ängste – grundsätzlich Bestandteil der menschlichen Existenz. Wer hat nicht als Kind beim Gang über Plattenwege versucht, nicht auf die Fugen zu treten, und ertappt sich vielleicht auch noch als

Erwachsener gelegentlich bei diesem oder einem ähnlichen »Zwangsspiel«? Manchmal geht einem eine Melodie oder Wortfolge so hartnäckig im Kopf herum, daß man gar nicht anders kann, als sie ein dutzendmal zu wiederholen. Das Besteigen einer Treppe »zwingt« dazu, die Stufen zu zählen, oder eine bestimmte Ordnung am Schreibtisch scheint unabdingbar notwendig, um mit der Arbeit beginnen zu können. Auch die häufige Angewohnheit, sich beim Verlassen der Wohnung mehrfach zu versichern, daß elektrische Geräte ausgeschaltet sind, gehört psychologisch betrachtet in die Kategorie der Zwangshandlungen. Im Unterschied zu krankhaften Zwängen kann man diese Gewohnheiten jedoch unterbrechen, ohne daß dies irgendeine Anspannung auslöst.

Von krankhaften Zwängen, die bei Männern und Frauen fast gleich häufig vorkommen, kann man sich hingegen nicht distanzieren. Etwa jeder Zwanzigste erlebt einen krankhaften Zwang, meist bereits in jüngeren Jahren. Etwa in der Hälfte der Fälle beginnt die Erkrankung schon vor dem 20. Lebensjahr. Wer über 40 Jahre alt ist, hat hingegen nur noch ein geringes Risiko, eine Zwangsstörung zu erleiden. Voraussetzung für eine solche Störung ist nicht unbedingt eine überpünktliche, immer auf Ordnung bedachte Persönlichkeit. Diese pedantischen, übermäßig gewissenhaften Zeitgenossen, die man gelegentlich als »zwanghaft« bezeichnet, stellen nicht die Hauptklientel der Zwangspatienten. Sie sind nur zu einem knappen Viertel vertreten, die Mehrheit bilden Menschen mit ängstlicher oder abhängiger Charakterstruktur.

Die Zwänge können sich auf Gedanken oder Handlungen beziehen. Zwangsgedanken haben häufig einen schuldbelasteten Inhalt. Etwa, daß Angehörigen etwas zustoßen könne und daß man selbst schuld daran sei. Sisi quälte sich in den ersten Jahren nach dem Tod ihrer ältesten Tochter Sophie immer wieder mit der Vorstellung, sie sei schuld an Sophies Tod, obwohl Sophie offensichtlich an einer Darminfektion oder Lebensmittelvergiftung gestorben war. Manche Patientinnen erleben Zwangsimpulse mit dem Inhalt, daß sie unwillentlich ihr Kind verletzten oder fallen lassen könnten, und wagen es deswegen nicht mehr, in Anwesenheit des Kindes mit Messern zu hantieren oder das Kind hochzuheben. Eine Zwangshandlung kann zum Beispiel das oben bereits geschilderte Überprüfen sein, ob alle Elektrogeräte ausgeschaltet sind. Ein Zwangskranker kehrt allerdings nicht einmal zurück, um nach der Kaffeemaschine zu sehen, sondern muß sämtliche Elektrogeräte zwanzigmal kontrollieren – immer öfter, bis er schließlich das Haus überhaupt nicht mehr verlassen kann.

Zwänge führen zu starker innerer Spannung, zu Unruhe und hektischer Getriebenheit und stehen so in engem Zusammenhang mit Ängsten und depressiver Verstimmung. Eine Zeitlang wurden Zwänge zu den Angststörungen gezählt. Dies hat man aus zwei Gründen jedoch wieder verworfen. Zum einen berichten die Betroffenen weniger über Ängste als über Ärger, innere Unruhe und Unwohlsein, wenn die zwanghaften Gedanken und Handlungen unterdrückt oder unterbrochen werden. Zum anderen wirken die typischen angstlösenden Medikamente bei Zwangspatienten nicht.

In psychotherapeutischer Sicht gelten Zwangsstörungen und Ängste als »Neurosen«. Als solche bezeichnen die Tiefenpsychologen Störungen der Konfliktverarbeitung in der frühen Kindheit. Die eher verhaltenstheoretisch orientierten Psychologen erklären Neurosen dagegen durch fehlgelenkte Lernvorgänge. Der Begriff »Neurose« war und ist aber in der Psychiatrie stets ein sehr umstrittener und wenig greifbarer. Auch bei der Depression gab es eine neurotische Variante. Heute hat man für depressive Verstimmungen das Konzept der Neurose weitgehend verlassen, da es weder für die Behandlung noch für den Verlauf Bedeutung hat.

Gemeinsam mit der medikamentösen Behandlung – zugelassen für Zwangserkrankungen sind die SSRI Paroxetin, Fluvoxamin und Fluoxetin neben dem trizyklischen Antidepressivum Clomipramin – zeigt bei Angst und Zwang die Verhaltenstherapie gute Erfolge. Allein, ohne Medikamente angewandt, ist sie nur begrenzt wirksam. Eine Untersuchung über die Langzeiterfolge der Verhaltenstherapie bei Zwangsstörungen hat gezeigt, daß sich drei bis acht Jahre nach der Behandlung der Zustand von knapp 20 Prozent der Patienten sehr gut oder deutlich und bei weiteren 32 Prozent leicht gebessert hat. Bei 37 Prozent hingegen hatte die Verhaltenstherapie die Zwänge unverändert gelassen, 11 Prozent zeigten eine Verschlechterung.

Große Bedeutung hat inzwischen die Theorie gewonnen, daß zwischen depressiver Verstimmung, Angst und Zwang und dem Stoffwechsel des Gehirns ein enger Zusammenhang besteht. Diese Verbindung konnte man allerdings bisher nicht neurochemisch beweisen. Man folgert dies aus der Erfahrung, daß sich bei allen drei Störungen Medikamente aus der Klasse der Serotonin-Wiederaufnahmehemmer (SSRI) als besonders effektive Wirkstoffe erwiesen haben. Andere Antidepressiva wie zum Beispiel die Trizyklika helfen Patienten mit einer Angststörung ohne Depression hingegen nicht. Sie haben offenbar keine spezielle Wirkung gegen Angst und Zwang.

Speziell zur Behandlung des Sisi-Syndroms, bei dem Angst und Zwang neben der depressiven Verstimmung eine besonders große Rolle spielen, eignet sich der Wirkstoff Paroxetin. Wenn Angst und Zwang im Vordergrund der Beschwerden stehen, muß der Betroffene allerdings höhere Dosierungen von Paroxetin einnehmen, etwa das Zwei- bis Dreifache der antidepressiven Dosis. Auch die Frist bis zum Eintritt der vollen Wirkung ist länger, sie kann zwei bis drei Monate betragen.

3. Eßstörungen

Eßstörungen bis hin zu Anorexie und Bulimie werden ebenfalls mit zu den Erkrankungen gezählt, die mit dem Serotoninstoffwechsel in Verbindung stehen könnten. Dazu paßt die Beobachtung, daß Eßstörungen beim Sisi-Syndrom keine Seltenheit sind, obwohl die Eßstörungen von Sisi-Patienten nicht unter die Kategorien Anorexie oder Bulimie fallen. Bei diesen Patienten erfüllt die strenge Regulierung der Nahrungsaufnahme offenbar mehrere Funktionen. Rigide, extrem reduzierte Diäten dienen als »Bestrafung«, also zur Dämpfung der Schuld- und Unfähigkeitsgefühle. Frau K. fühlt sich nach dem Auszug ihres Freundes ungeliebt, weil unattraktiv, und beginnt eine Diät, um den Partner durch eine schlankere Figur wiederzugewinnen. Sisi kasteite sich fast ihr ganzes Leben lang. Dahinter wird ein verwobenes Bündel aus verschiedenen Motiven erkennbar. Frau B. versucht, ihre Darmbeschwerden durch Ernährungsumstellung und eine radikale Diät zu bekämpfen; sie startet also einen für Sisi-Patienten typischen Versuch der Selbstbehandlung.

4. Das Tabu brechen: Wenn Selbstmordgedanken aufkommen

Gerade bei Patienten, die sehr stark unter Ängsten leiden, ist das Suizidrisiko erhöht. Ärzte und Psychotherapeuten vermeiden den Begriff »Selbstmord«, weil mit »Mord« gewöhnlich das schuldhafte, moralisch verwerfliche Töten bezeichnet wird. Die Selbsttötung eines depressiven Menschen aber kann man mit dem Begriff »Schuld« nicht fassen. Der Suizid oder Suizidversuch ist ein Zeichen der Krankheit, ein Symptom wie die Angst, die getrübte Stimmung, die Antriebsveränderung und viele mehr. Auch wenn es schwerfällt, über Suizid zu sprechen oder auch nur nachzudenken, so sollte dies bei Patienten mit depressiven Verstimmungen nicht unterbleiben. Das Risiko einer Selbsttötung ist nämlich nicht zu unterschätzen: Bis zu 15 Prozent der depressiven Erkrankungen enden mit einer Selbsttötung, die Zahl der Versuche liegt noch um ein Vielfaches höher. Daten speziell zum Sisi-Syndrom gibt es nicht.

Theoretisch könnten Sisi-Patienten weniger suizidgefährdet sein, da sie im Grunde lebensbejahende Menschen sind. Andererseits fehlt »klassisch« depressiven Patienten oft der Antrieb, um Selbsttötungsgedanken in die Tat umsetzen zu können. Bei Menschen mit Sisi-Syndrom ist der Antrieb normalerweise während der depressiven Episode nicht oder nur wenig verringert; vor allem der Behandlungsbeginn geht daher nicht mit einem erhöhten Selbsttötungsrisiko einher. Insgesamt läßt sich sagen, daß es keine Anhaltspunkte dafür gibt, daß die Suizidgefährdung von Sisi-Patienten wesentlich größer oder geringer sein könnte als von Patienten mit einer klassischen Depression.

XII. WAS WIRD DIE ZUKUNFT BRINGEN?

Hilfen zur Selbsthilfe für Patienten mit Sisi-Syndrom

Die Diagnose »depressive Verstimmung« ist eine bittere Pille für einen im Grunde so positiven, aktiven Menschen, wie Sie es sind. Wahrscheinlich ist es Ihnen sehr schwergefallen, diese Störung Ihres psychischen Gleichgewichts zu akzeptieren. Möglicherweise sind Sie auch auf Unverständnis in Ihrer Umgebung gestoßen, als Sie versucht haben, Angehörigen und Freunden von Ihren seelischen Nöten zu berichten. Wer immer als der Starke gilt und bewundert wird, kann nur schwer Schwäche zeigen – und wenn er es wagt, wird er oft nicht aufgefangen.

Wie soll es jetzt weitergehen? Wenn Ihr Arzt ebenfalls zu der Erkenntnis gelangt ist, daß Sie an einer depressiven Verstimmung vom Typ des Sisi-Syndroms leiden, hat er Ihnen wahrscheinlich eine Therapie vorgeschlagen, die aus einem auch speziell gegen die begleitenden Ängste wirksamen Serotonin-Wiederaufnahmehemmer besteht, eventuell in Kombination mit einer psychotherapeutischen Behandlung. Mit dieser Therapie werden Sie sich nach kurzer Zeit, spätestens nach einigen Wochen, deutlich besser fühlen. Jede depressive Episode klingt ab, und Sie werden erleben, daß alle Gefühle zurückkehren. Sie werden keine bleibenden Schäden davontragen. Etwas länger dauert es möglicherweise, bis sämtliche körperlichen Beschwerden verschwunden sind. Auch wenn Sie sich wieder völlig gesund fühlen, sollten Sie das Antidepressivum keinesfalls ohne Rücksprache mit dem Arzt absetzen. Üblicherweise rechnet man mit sechs Monaten Mindestdauer der medikamentösen Behandlung, und in vielen Fällen erweist es sich als sinnvoll, das Antidepressivum länger einzunehmen. Bricht man die Behandlung zu früh ab, hat sich die Balance der Botenstoffe im Gehirn noch nicht wieder vollständig eingestellt, und es droht ein Rückfall. Wenn der Arzt meint, die Behandlung beenden zu können, wird er zudem das Medikament nicht abrupt absetzen, sondern Ihnen zunächst für einen gewissen Zeitraum eine geringere Dosis verordnen. Möglicherweise geschieht dies mehrmals, so daß sich Ihr Nervensystem ganz allmählich daran gewöhnt, wieder ohne Antidepressivum zu funktionieren. Dieses sogenannte »Ausschleichen« der Arzneimittelbehandlung findet nicht deswegen statt, weil Sie von dem Wirkstoff abhängig geworden sind, sondern weil auf diese Weise mit größerer Sicherheit ein Rückfall verhütet werden kann, als wenn das Medikament von einem auf den anderen Tag abrupt abgesetzt wird.

Auch eine Psychotherapie braucht Zeit, um wirksame Änderungen in Ihrem Verhalten und Ihrem Gefühlsleben auszulösen. Die depressive Episode verlangt daher vor allem eines von Ihnen: Geduld – eine Eigenschaft, die bisher wahrscheinlich nicht gerade zu Ihren Stärken zählte. Machen Sie sich bewußt, daß Monate oder gar Jahre hinter Ihnen liegen, in denen Sie ganz allmählich und unbemerkt ihr seelisches Gleichgewicht verloren haben. Es ist völlig natürlich, daß sich dies nicht in Tagen oder Wochen rückgängig machen läßt.

1. Anregungen zur Selbsthilfe bei Sisi-Syndrom

Das Sisi-Syndrom ist eine Erkrankung, die unbedingt eine ärztliche Behandlung erfordert. Aber Sie können parallel auch selbst zur Unterstützung der medikamentösen und eventuell psychotherapeutischen Behandlung beitragen.
Nur wenn ein festes Bündnis zwischen Ihnen und Ihrem Arzt entsteht und beide ihren Teil zur Bewältigung dieser Krankheit beitragen, wird die Therapie erfolgreich sein.

Nachfolgend finden Sie einige Anregungen zur Selbsthilfe. Sie stammen von Privatdozent Dr. Stephan A. Volk, Chefarzt der Fachklinik Hofheim, Klinik für psychische, psychosomatische und neurologische Krankheiten.

»Das Sisi-Syndrom ist – wie jede Depression – eine ernstzunehmende, aber gut behandelbare Krankheit und nicht das Ergebnis persönlichen Versagens.
Bleiben Sie körperlich aktiv (z.B. Schwimmen, Radfahren, Spazierengehen), und gehen Sie nach draußen. Das hilft, gestörten Schlaf zu regulieren, und verbessert Stimmung und körperliches Befinden.
Wenn Sie schlecht ein- oder durchschlafen können oder morgens zu früh aufwachen, quälen Sie sich nicht im Bett herum. Stehen Sie lieber auf, und suchen Sie sich eine Betätigung.
Strukturieren Sie Ihren Tag, vor allem durch kleine, angenehme Aktivitäten. Gehen Sie einkaufen oder zum Friseur, aber vermeiden Sie Hetze und ein zu vollgepacktes Programm. Unter Umständen hilft ein Stundenplan.
Legen Sie überschaubare und konkrete Ziele für den Tag oder die Woche fest.
Machen Sie sich immer wieder klar, daß negative und schwarze Gedanken Ausdruck Ihrer depressiven Verstimmung sind. Dies

erleichtert den Umgang mit der Krankheit. Auch die häufig auftretende Angst kann Ausdruck der Depression sein.

Treffen Sie während der depressiven Episode keine wichtigen Entscheidungen wie Trennung, Kündigung, Hausverkauf etc. Verschieben Sie diese auf die Zeit nach dem Abklingen der depressiven Verstimmung.

Versuchen Sie, die Unterstützung von Angehörigen und Freunden zu gewinnen. Ziehen Sie sich nicht zurück, das vertieft die depressive Verstimmung.

Meiden Sie alkoholische Getränke, denn auch diese verstärken die depressive Verstimmung.

Regelmäßiges Essen, ballaststoffhaltige und mineralstoffreiche Nahrungsmittel sowie eine ausreichende Flüssigkeitszufuhr regen die Darmtätigkeit an und verbessern das körperliche Befinden. Versuchen Sie, von extremen Diäten und Ernährungsformen Abstand zu nehmen.

Nehmen Sie unbedingt die fachliche Hilfe eines Arztes in Anspruch.

Nehmen Sie die verordneten Medikamente vollständig, regelmäßig und in der rezeptierten Menge ein. Bringen Sie Geduld auf, denn bis zum vollständigen Wirkungseintritt können zwei oder mehr Wochen vergehen. Besprechen Sie eventuell auftretende Nebenwirkungen mit Ihrem Arzt; setzen Sie die Medikamente nicht eigenmächtig ab.«

2. Wie Sie Rückfälle vermeiden

Sie waren immer gewohnt, alles aktiv anzupacken und die Probleme direkt anzugehen. Doch die positive Energie ist in Rastlosigkeit und Unruhe übergegangen, Versagensängste haben Sie gequält. Damit sich dies nicht wiederholt, sollten Sie Vorsorge treffen – und zwar jetzt, solange es Ihnen gutgeht, und nicht erst, wenn Sie vielleicht spüren, daß das Problem wieder beginnt.

Stellen Sie sich die Fragen »Was tut mir gut, und was bekommt mir nicht?«, und beantworten Sie sie ehrlich. Vielleicht nehmen Sie sogar ein Blatt Papier zur Hand und machen vier Rubriken. In die erste schreiben Sie, was Ihnen guttut, was Spaß macht und Befriedigung verschafft. Ordnen Sie diese Aktivitäten nach der Bedeutung, die sie für Sie haben, die wichtigste zuerst.

Als nächstes notieren Sie, was Sie Ihrer Meinung nach unbedingt machen müssen, wozu Sie sich verpflichtet fühlen. Gehen Sie diese Liste äußerst kritisch durch, und streichen Sie alles, was nicht unbedingt notwendig ist.

Die dritte Rubrik ist den Dingen vorbehalten, die Ihnen nicht so guttun: Was Ihnen auf die Stimmung drückt, was Sie unruhig macht, was Ihnen den Schlaf raubt, was Ängste auslöst und wobei Sie Druck oder Zwang empfinden.

Schließlich schreiben Sie in die vierte Spalte, was gegen die unangenehmen Empfindungen hilft und dazu beiträgt, Ihre seelische Balance wiederzufinden. Möglicherweise fällt Ihnen hier vieles von dem wieder ein, was Sie schon in die erste Rubrik eingetragen haben – um so besser!

Als letztes beurteilen und gewichten Sie Ihren Tagesablauf: Welchen Anteil haben die angenehmen Dinge, die Aktivitäten aus der ersten und vierten Liste? Sie sollten ein deutliches Übergewicht gegenüber den Stichworten von der zweiten und dritten Spalte behalten, und das auf Dauer und möglichst jeden Tag. Trennen Sie sich von Verpflichtungen, die Sie belasten, auch wenn Sie fürchten, damit jemanden vor den Kopf zu stoßen. Wenn Ihre positive Aktivität und Ihre Energie wieder umschlagen und Ihnen eine weitere depressive Episode drohen sollte, belastet dies Ihre Angehörigen und Freunde mehr als eine abgeschlagene Bitte oder der Verzicht auf eine gemeinsame Unternehmung.

Natürlich sollte man einmal eingegangene Verpflichtungen erfüllen, aber nicht um jeden Preis. »Wer A sagt, muß auch B sagen«, könnten Sie jetzt einwenden, denn Sie sind pflichtbewußt, und Unzuverlässigkeit ist Ihnen ein Greuel. Bertolt Brecht hat zu diesem Sprichwort jedoch eine kluge Entgegnung gefunden: »Wer A sagt, muß nicht B sagen. Er kann auch erkennen, daß A falsch war.« Wenn dies der Fall ist, sagen Sie nicht mehr B.

Eines sollten Sie auf keinen Fall: Ihr aktives Leben aufgeben. Vor allem ausreichend Bewegung und Sport sind wichtig für das körperliche und seelische Wohlbefinden. Wählen Sie aber kritischer aus, was Sie wirklich machen wollen, und planen Sie Ruhephasen ein. Sie werden merken, daß Muße Ihnen jetzt auch wieder guttut. Die Ängste, die Leere und die Unruhe sind verschwunden, Sie können alles wieder genießen: Pausen, Stille, eine Stunde des Alleinseins, die friedliche Abendstimmung im Garten oder einfach einen Moment der Entspannung auf dem Sofa.

Der aus dem Iran stammende Psychiater und Psychotherapeut Nossrat Peseschkian, der in den vergangenen 30 Jahren Patienten aus den verschiedensten Kulturen behandelt hat, sieht die Seele im Gleichgewicht und den Menschen als gesund an, wenn er:

25 Prozent seiner Energie auf Körper und Sinne verwendet, also auf Schlafen, Essen, Sexualität usw.,

25 Prozent auf Arbeit und Leistung,

25 Prozent auf Kontakte zur Familie, den Freunden und Mitmenschen,

25 Prozent auf »Zukunft und Phantasie«, also auf die Beschäftigung mit weltanschaulichen Fragen, mit der eigenen Zukunftsplanung und der der Familie.

Diese Aufteilung mag sehr theoretisch und nicht auf den Alltag übertragbar erscheinen. Die meisten Menschen verwenden sicher mehr Zeit für ihre Arbeit. Die Zielrichtung von Peseschkians Aufteilung kann aber für Patienten mit Sisi-Syndrom hilfreich sein, denn sie beinhaltet zweierlei: Zum einen, sich nicht durch Leistungsstreben und Leistungsdenken völlig vereinnahmen zu lassen, sondern auch den anderen Aspekten des Lebens ihren Platz einzuräumen.

Dazu gehört auch das letztgenannte Viertel von Peseschkians Liste: das Denken über den Tag hinaus, die Fragen des Woher und Wohin. Ob Sie diese Fragen für sich im religiösen Sinne beantworten können oder ob Sie zu einer anderen weltanschaulichen Antwort neigen, bleibt Ihnen überlassen. Die Beschäftigung mit diesen Themen hat nichts mit gequältem Grübeln über die Fehler der Vergangenheit und die Unwägbarkeiten der Zukunft zu tun, sondern mit seelischer Balance, die auch durch das Eingebettetsein in ein größeres Ganzes entsteht.

Der zweite bedeutsame Aspekt an Peseschkians Aufteilung ist der bewußte Umgang mit der Zeit. Nur wenn man weiß, daß die Zeit begrenzt und kostbar ist, kann man sorgsam mit ihr umgehen und sie nicht verschleudern – und das tut man nicht nur durch »Gammeln«, was ohnehin nicht Ihre Art ist, sondern auch durch Hetze und Rastlosigkeit.

Und schließlich sollten Sie eines nicht vergessen: Auch der ausgeglichenste Mensch hat Stimmungsschwankungen. Kein Tag ist wie der andere, und was einen heute völlig kalt läßt, kann morgen die Stimmung verderben – oder besondere Freude bereiten. In einem Gedicht des französischen Poeten Louis Aragon heißt es »Chaque équilibre vient du balancier« – jedes Gleichgewicht entsteht durch Balancieren, auch das seelische.

GLOSSAR

Agoraphobie: Platzangst, unüberwindbare Furcht, auf die Straße oder über einen freien Platz zu gehen.

Amitriptylin: trizyklisches Antidepressivum.

Anorexia nervosa: Magersucht; Zustand starker Abmagerung, bedingt durch die Unfähigkeit zu essen (keine Appetitlosigkeit). Unbehandelt ist eine Gewichtsabnahme bis zum lebensbedrohlichen Untergewicht möglich. Beginnt meist in der Pubertät, wesentlich mehr Frauen als Männer sind davon betroffen (allerdings zunehmende Tendenz bei jungen Männern). Kein Symptom des Sisi-Syndroms, sondern eigenständiges Krankheitsbild.

Antrieb: im psychiatrischen Sinn die jedem Verhalten zugrundeliegende Kraft, welche die allgemeinste Voraussetzung für Denken, Fühlen und Handeln darstellt. Der Antrieb selbst ist nicht faßbar, sondern nur an seinen Wirkungen abzulesen. Er ist eine der psychischen Grundfunktionen. Störungen des Antriebs kommen bei vielen seelischen und organischen Krankheiten vor; typisch für depressive Verstimmungen ist die Antriebshemmung.

Antriebshemmung: Symptom der Depression, das allerdings bei Patienten mit Sisi-Syndrom gering oder überhaupt nicht ausgeprägt ist.

Apathie: Teilnahmslosigkeit, völliges Fehlen von spontaner Aktivität und Affekten. Kommt bei tiefer Depression vor. Kein Symptom des Sisi-Syndroms.

Axon: Fortsatz einer Nervenzelle.

Bulimie, auch Bulimarexie: Eß-Brechsucht. Dauernder Wechsel zwischen Eßanfällen und selbstausgelöstem Erbrechen. Die äußere Erscheinung kann unauffällig bleiben, den Betroffenen gelingt es lange Zeit, ihre Erkrankung zu vertuschen. Tritt überwiegend bei Frauen zwischen 15 und 30 Jahren auf. Ob es sich um eine eigenständige Krankheit oder um eine Variante der Anorexia nervosa handelt, ist noch umstritten. Bulimie ist kein Symptom des Sisi-Syndroms.

Carbamazepin: Medikament, das zur Vorbeugung wiederholter depressiver Episoden eingesetzt wird. Nur Reservemedikament, wenn Lithium nicht eingenommen werden kann oder nicht wirkt.
Citalopram: Antidepressivum aus der Gruppe der SSRI.
Clomipramin: trizyklisches Antidepressivum.

Depression: Krankheit, die mit getrübter Stimmung, Interesse- und Freudlosigkeit, einer Veränderung des Antriebs und mit einigen weiteren Symptomen wie Verminderung des Selbstwertgefühls, Schuldgefühlen, Hemmung/Unruhe, Konzentrations- und Schlafstörungen, Appetitstörungen und Ängsten einhergeht. Das Sisi-Syndrom gilt als Sonderform der Depression.
Desipramin: trizyklisches Antidepressivum.
Doxepin: trizyklisches Antidepressivum.

Elektroenzephalogramm (EEG): Untersuchung der elektrischen Aktivität des Gehirns. Dazu werden an der Kopfhaut Elektroden angebracht, die die Potentialschwankungen des Gehirns erfassen, verstärken und aufzeichnen. Die

Analyse der aufgezeichneten Wellen gibt zum Beispiel Aufschluß über örtliche Prozesse des Gehirns oder über eine allgemeine Krampfbereitschaft.

Elektrokardiogramm (EKG): Aufzeichnung der elektrischen Aktionspotentiale des Herzens durch mehrere am Körper angebrachte Elektroden. Das EKG gestattet zum Beispiel Aussagen über die Herzschlagfrequenz und den Herzrhythmus, über Störungen der Erregungsleitung in den erregbaren Strukturen des Herzens und im Herzmuskel. Auch ein früherer oder frischer Herzinfarkt kann aus dem EKG abgelesen werden.

Endorphine: Körpereigene Substanzen, die in ihrer Struktur und Wirkungsweise den Morphinen ähneln. Sie wirken schmerzdämpfend und können euphorieähnliche Gefühle auslösen. Endorphine werden in Situationen extremer Belastung, aber auch bei Ausdauersport wie zum Beispiel beim Langstreckenlauf gebildet.

Fluoxetin: Antidepressivum aus der Gruppe der SSRI.

Fluvoxamin: Antidepressivum aus der Gruppe der SSRI.

Handelsname: Bezeichnung, unter der ein Medikament in der Apotheke verkauft und in der Regel auch vom Arzt rezeptiert wird.

Imipramin: trizyklisches Antidepressivum

Johanniskraut: Einzige pflanzliche Substanz, der eine (mäßige) spezielle antidepressive Wirkung zugeschrieben wird. Johanniskraut eignet sich nur zur Behandlung leichter depressiver Verstimmungen.

Klaustrophobie: Furcht vor dem Aufenthalt in meist engen geschlossenen Räumen, zum Beispiel Aufzügen, kleinen Zimmern, Autos, Flugzeugen. Oft besonders stark ausgeprägt, wenn Menschenansammlungen und schlechte Luft hinzukommen (Kino, Theater etc.).

Kognitives Modell der Depression/kognitive Psychotherapie: Von Aaron Beck seit Mitte der sechziger Jahre entwickeltes Modell zur Entstehung und Behandlung von Depression, das dem Erkennen und der Analyse der Situation große Bedeutung beimißt. Das kognitive Modell sieht die depressive Verstimmung als das Ergebnis eines Erlernens fehlerhafter Denk- und Verhaltensstrukturen. Durch Analyse und Erkennen dieser Fehler sowie durch Training neuer, gesunder Denk- und Verhaltensweisen kann nach diesem Modell die psychische Störung überwunden werden.

Limbisches System: Teil des Zentralnervensystems, das hormonelle und vegetativ-nervöse Vorgänge steuert. Das limbische System ist ferner für die angeborenen Triebe, die Gefühlstönung des gesamten Verhaltens und für die Gefühlsreaktionen verantwortlich und spielt wahrscheinlich auch eine Rolle für das Gedächtnis und das Lernen. Im limbischen System befinden sich zahlreiche Nervenzellen, die den Botenstoff Serotonin enthalten und ihn abgeben können.

Lithium: Medikament, das der Vorbeugung wiederholter depressiver Episoden dient. Wird nur eingesetzt, wenn zuvor bereits mehrere Episoden aufgetreten sind.

Manie, manische Depression: Form der Depression, bei der der Antrieb bis zur Enthemmung und die Stimmung bis zur Euphorie krankhaft gesteigert sind. Reine Manien sind selten, meist wechseln manische Phasen mit gedrückt depressiven. Das Sisi-Syndrom hat nichts mit der manischen Depression zu tun, da beim Sisi-Syndrom die

Grundstimmung gedrückt und keineswegs euphorisch ist. Außerdem ist der Antrieb nicht enthemmt.

Maprotilin: tetrazyklisches Antidepressivum.

Melancholie: Aus dem Griechischen stammende Bezeichnung (wörtlich »Schwarzgalligkeit«), die bereits in der Antike für die schwermütige Verstimmung eingeführt wurde. Später wurde der Begriff immer enger gefaßt und wird heute von den Psychiatern nur noch gelegentlich verwendet, meist in gleichem Sinne wie »endogene Depression«. Parallel dazu wurde ebenfalls seit der Antike der Begriff »Melancholie« zur Beschreibung einer trübsinnigen Gemütsverfassung mit Neigung zu Grübeln verwendet, und in diesem allgemeinen Sinn hat er sich in der Umgangssprache erhalten.

Mianserin: tetrazyklisches Antidepressivum.

Mirtazapin: antidepressiv wirkendes Medikament, Einzelwirkstoff ohne Zugehörigkeit zu einer der großen Gruppen.

Modell der erlernten Hilflosigkeit: Modell, mit dem die Entstehung einer Depression verhaltenstherapeutisch erklärt werden soll. Es besagt, daß ein Mensch in die Depression abgleitet, weil er sich bisher als hilflos und ohne jeden Einfluß auf den Gang der Dinge erlebt hat.

Moclobemid: Antidepressivum aus der Gruppe der MAO-Hemmer.

Monoaminooxidase-Hemmer (MAO-Hemmer): Wirkstoffgruppe, die zur Behandlung von Depression eingesetzt wird. MAO-Hemmer sorgen dafür, daß in der Nervenzelle vorhandene Botenstoffe nicht abgebaut werden, sondern zur Ausschüttung und damit zur Kommunikation mit anderen Nervenzellen zur Verfügung stehen. MAO-Hemmer werden aufgrund ihres Nebenwirkungsprofils nur selten zur Behandlung des Sisi-Syndroms eingesetzt.

Nefazodon: Antidepressiv wirksames Medikament, das keiner der großen Wirkstoffgruppen angehört.

Neuroleptika: Medikamente, die zur Bekämpfung von Wahnsymptomen eingesetzt werden. Sie sind daher in erster Linie für die Behandlung von Schizophrenien von Bedeutung. In der Therapie des Sisi-Syndroms werden sie nicht eingesetzt.

Neuron: Nervenzelle mit ihren Fortsätzen.

Neurose: Psychisch bedingte Gesundheitsstörung, deren Symptome Ausdruck eines krankmachenden seelischen Konflikts – meist aus der frühen Kindheit – sind. Der Konflikt selbst bleibt unbewußt. Diese Definition stammt von Sigmund Freud, dem Begründer der Psychoanalyse, und wird auch heute noch von den tiefenpsychologisch orientierten Psychologen und Psychotherapeuten verwendet. Die Lerntheorie und die aus ihr abgeleitete Verhaltenstherapie verwirft alle bisherigen Neurosentheorien, lehnt die Existenz von Neurosen ab und betrachtet neurotische Symptome einfach als (fehl)erlernte Gewohnheiten.

Neurotransmitter: Fachbegriff für die Botenstoffe, die im Zentralnervensystem für die Informationsweitergabe zwischen den einzelnen Nervenzellen sorgen. Bisher kennt man schätzungsweise 100 derartige Transmitter.

Nihilismus: negative, auf das Nichts (lat: nihil) hin orientierte Weltsicht. Entsteht aus einem Gefühl der Sinn- und Hoffnungslosigkeit des Daseins. Reicht bis zur Vorstellung des Nichtexistierens der eigenen Person oder gar der ganzen Welt und kommt bei schwerer Depression vor.

Noradrenalin: Ein Neurotransmitter (Botenstoff), der eng mit dem Stoffwechsel des Botenstoffs Serotonin verbunden ist.

Nortriptylin: trizyklisches Antidepressivum.

Panik, Panikattacke: grundlose, plötzlich hereinbrechende Angst, oft anfallsartig.

Paroxetin: antidepressiver Wirkstoff aus der Gruppe der selektiven Serotonin-Wiederaufnahmehemmer. Besonders geeignet zur Behandlung des Sisi-Syndroms; auch zur Therapie von Angststörungen und Zwang zugelassen.

Phobie: zwanghaft auftretende, nicht durch eine reale Bedrohung erklärliche Angst. Der Betroffene richtet sein Verhalten meist so auf die Phobie aus, daß er die angstauslösende Situation vermeidet. Da Phobien sich häufig auf kaum vermeidbare Situationen beziehen (Agoraphobie, Klaustrophobie), kann dies zu erheblichen Einschränkungen führen.

Psychoanalyse: Von Sigmund Freud (1856–1939) vor etwa 100 Jahren begründete Lehre, die sowohl als diagnostisches Verfahren zur Untersuchung seelischer Vorgänge als auch zur Behandlung neurotischer Störungen eingesetzt werden kann. Mit der Zeit entstand daraus ein umfangreiches Lehrgebäude, das von Freud als ein »Modell des Seelischen und seiner Funktionen« errichtet wurde. Noch zu Lebzeiten Freuds spaltete sich seine Anhängerschaft; in der Folge sind eine ganze Reihe psychoanalytischer Strömungen entstanden.

Psychologie: Lehre von den Vorgängen in der menschlichen Psyche, wobei zur Psyche sowohl die Gefühle als auch der Verstand gezählt werden.

Psychopharmaka: Sammelbezeichnung für alle auf die Psyche einwirkenden Medikamente.

Psychotherapie: Sammelbezeichnung für alle Verfahren, bei denen aus dem Gleichgewicht geratene Seelenzustände durch gezielte seelische Einflußnahme behandelt werden.

Reboxetin: antidepressiv wirksames Medikament.

Rezeptor: Empfangseinrichtung in der Zellmembran, mit

der die Zelle Signale von außen aufnehmen kann. Membranrezeptoren funktionieren nach einem ähnlichen Prinzip wie Schloß und Schlüssel: Sie sind das festsitzende Schloß, in das von außen der passende Schlüssel gesteckt werden kann. Schlüssel sind die Botenstoffe, von denen nur jeweils ein bestimmter in das Schloß, also den Rezeptor, paßt.

Schlafentzug: siehe Wachtherapie.

Sedierung: durch Medikamente bewirkte Herabsetzung der Ansprechbarkeit im Sinne einer Dämpfung und Beruhigung.

Serotonin: Botenstoff, der im Zentralnervensystem an der Koordination von zahlreichen Vorgängen beteiligt ist, darunter Stimmungslage, Angst, Impulse, Sexualität, Appetit und Schlaf.

Serotonin-Wiederaufnahmehemmer (SSRI): Gruppe von Antidepressiva, die bevorzugt zur Behandlung des Sisi-Syndroms eingesetzt werden. SSRI wirken, indem sie die Wiederaufnahme des Botenstoffs Serotonin in die ausschüttende Nervenzelle bremsen.

Sertralin: Antidepressivum aus der Wirkstoffgruppe der SSRI.

Sisi-Syndrom: nach Kaiserin Elisabeth von Österreich (1837–1898) benannte Sonderform der Depression. Das Sisi-Syndrom geht mit einer Reihe seelischer und körperlicher Symptome einher. Auffällig im Vergleich zur »typischen« Depression ist das häufige Auftreten von Angstsymptomen und die energische Selbsttherapie durch betont aktives Verhalten der grundsätzlich lebensbejahenden Patienten. Oft werden auch übermäßige sportliche Betätigung oder strenge Diäten, also asketische Leistungen, als Ausdruck einer Tendenz zur Selbstbestrafung beobachtet.

Da die typischen Zeichen der Depression wie Weinerlichkeit oder die Neigung zur Anklammerung meist fehlen, wird die Diagnose gelegentlich verfehlt.

Soziale Phobie: Sammelbezeichnung für alle Angstzustände, die beim Zusammensein mit anderen Menschen auftreten. Die Angst wird häufig vorweggenommen und die angstauslösende Situation nach Möglichkeit gemieden.

Suizid: Selbsttötung. Suizid oder Suizidversuche kommen bei depressiven Menschen wesentlich häufiger vor als bei Gesunden und sind stets Ausdruck der Hoffnungslosigkeit und des Gefühls der Ausweglosigkeit. Wenn Suizidgefahr besteht, muß eine stationäre Behandlung des Patienten in Erwägung gezogen werden.

Symptom: Krankheitszeichen. Jede Krankheit äußert sich in einem oder mehreren Symptomen. Beispiele: Die getrübte Grundstimmung ist ein Symptom der Depression, Fieber ist ein Symptom einer Infektionserkrankung. Oft ist es jedoch nicht möglich, bereits von einem Symptom auf die Krankheit zu schließen. Müdigkeit und Abgeschlagenheit können zum Beispiel Symptome einer Depression, aber auch einer schweren Infektion sein. Erst das Erkennen mehrerer Symptome führt zur Diagnose.

Synapse: Kontaktstelle zwischen zwei Zellen; sie berühren sich jedoch nicht direkt. Zwischen ihnen liegt der synaptische Spalt, der von chemischen Botenstoffen überbrückt wird, wenn zwei Zellen miteinander in Kontakt treten und Informationen austauschen.

Syndrom: eine Gruppe von Krankheitszeichen (Symptomen).

Tetrazyklische Antidepressiva: den trizyklischen Antidepressiva eng verwandte Substanzgruppe mit nur zwei Vertretern, Mianserin und Maprotilin.

Tiefenpsychologie: Auf den Grundsätzen der von Sigmund Freud entwickelten Psychoanalyse beruhende Richtung der Psychologie, die seelische Störungen mit Konflikten in der frühen Kindheit zu erklären versucht. Depression ist nach dieser Lehre die Folge eines realen oder empfundenen Verlusts, meist der Mutter.

Tranquilizer: Medikamente, die psychisch entspannend und harmonisierend wirken. Sie werden gelegentlich zu Beginn einer antidepressiven Behandlung zusätzlich eingesetzt, um die Phase bis zum vollen Wirkungseintritt des Antidepressivums zu überbrücken.

Transmitter: Botenstoff.

Tranylcypromin: Antidepressivum aus der Gruppe der MAO-Hemmer.

Trauer: natürlicher seelischer Zustand nach einem Verlusterlebnis. Die Trauer unterscheidet sich von der depressiven Verstimmung durch den Verlauf in bestimmten Phasen und durch ein allmähliches Abklingen nach gewisser Zeit.

Trimipramin: Antidepressivum aus der Gruppe der Trizyklika.

Trizyklische Antidepressiva: Wirkstoffgruppe, die zur Behandlung von Depression eingesetzt wird. Trizyklika hemmen – im Prinzip ähnlich wie die Serotonin-Wiederaufnahmehemmer – die Wiederaufnahme von Botenstoffen in die sie ausschüttende Nervenzelle. Im Unterschied zu den SSRI beschränkt sich diese Hemmung jedoch nicht auf den für depressive Verstimmungen entscheidenden Botenstoff Serotonin, sondern umfaßt mehrere Botenstoffe. Dadurch entstehen verschiedene Nebenwirkungen. Da viele trizyklischen Antidepressiva dämpfend und ruhigstellend wirken, sind sie für die Behandlung des Sisi-Syndroms nicht die erste Wahl.

Venlafaxin: antidepressiv wirkendes Medikament, das keiner der großen Wirkstoffgruppen angehört.

Verhaltenstherapie: aus der Kritik an der Psychoanalyse seit 1950 entwickelte Form der Psychotherapie. Der Verhaltenstherapie liegt die Überzeugung zugrunde, daß jedes Verhalten in einer bestimmten Situation erlernt ist und eine bestimmte Funktion hat. Neurosen und Psychosen sind demnach nur verschiedene Beispiele für abnormes, (fehl)erlerntes Verhalten. Gegenstand der Verhaltenstherapie sind nicht Motive, Konflikte, Gefühle oder Gedanken, die ein bestimmtes Verhalten bedingen oder erklären. Sie behandelt nur das unmittelbar zu beobachtende gestörte Verhalten des Kranken. Bei komplexen Störungen behandelt die Verhaltenstherapie ein Problem nach dem anderen mit verschiedenen, speziell auf die Störungen zugeschnittenen Techniken. Ein Beispiel dafür ist die Desensibilisierung, die schrittweise Konfrontation mit der angstauslösenden Situation bei Phobien.

Wachtherapie: Behandlung einer depressiven Verstimmung durch geplanten nächtlichen Schlafentzug. Der Patient muß entweder die ganze Nacht oder die zweite Nachthälfte wachen. Die Wachtherapie bessert am folgenden Tag die Stimmung, die Besserung hält jedoch nicht lange an. Wachtherapie allein ist daher keine ausreichende Behandlung des Sisi-Syndroms; sie kann jedoch zu Beginn der medikamentösen Behandlung die Phase bis zum Einsetzen der Arzneimittelwirkung überbrücken helfen.

Wirkstoff: in einem Medikament enthaltene wirksame Substanz. Ein und derselbe Wirkstoff kann in verschiedenen Medikamenten und damit unter verschiedenen Handelsnamen erhältlich sein.

Zellmembran: äußere Hülle einer Zelle.

Zentralnervensystem: Sammelbegriff für alle Strukturen in Gehirn und Rückenmark.

Zwang, Zwangserscheinung: Im psychiatrischen Sprachgebrauch Sammelbezeichnung für alle Vorstellungen und Handlungsimpulse, die sich einem Menschen aufdrängen und gegen die er sich nicht wehren kann. Zwangsgedanken und Zwangsimpulse werden vom Betroffenen selbst als fremd und absurd empfunden, anders als zum Beispiel Wahnvorstellungen. Zwang kann in Form von Zwangsgedanken oder Zwangshandlungen auftreten, ein Beispiel für letztere ist der Waschzwang. Zwangserscheinungen werden häufig von Angstgefühlen begleitet.

BIBLIOGRAPHIE

Beck, A. T./Rush, A. J./Shaw, B. F./Emery, G.: Kognitive Therapie der Depression. Herausgegeben von M. Hauzinger. Weinheim 1996[5].

Benkert, O./Hippius, H.: Psychiatrische Pharmakotherapie. Berlin, Heidelberg, New York 1996.

Corti, E. C.: Elisabeth: Die seltsame Frau. Graz, Wien, Köln 1998.

Dührssen, A.: Dynamische Psychotherapie. Ein Leitfaden für den tiefenpsychologisch orientierten Umgang mit Patienten. Berlin, Heidelberg, New York 1995[2].

Elhardt, S.: Tiefenpsychologie. Eine Einführung. Stuttgart 1994[13].

Faust, V.: Depressionsfibel. Stuttgart 1997.

Finzen, A.: Suicidprophylaxe bei psychischen Störungen. Bonn 1992[3].

Flügel, S. et al: Verhaltenstherapeutische Standardmethoden. München, Weinheim 1994[3].

Gastpar, M. T./Kasper, S./Linden, M.: Lehrbuch der Psychiatrie. Berlin 1996.

Gosciniak, H. Th./Osterheider, M./Volk, S.: Angst – Zwang – Depression. Stuttgart, New York 1998.

Hamann, B.: Elisabeth. Kaiserin wider Willen. Wien, München 1997.

Hamann, B./Hassmann, E.: Elisabeth – Stationen ihres Lebens. Wien, München 1998.

Heigl-Evers, A./Heigl, F./Ott, J.: Lehrbuch der Psychotherapie. Stuttgart, Jena 1993.

Helmchen, H.: Depression und Manie: Wege zurück in ein normales Leben. Stuttgart 1998.

Kasper, S. et al: Depressive Störungen erkennen und behandeln. Basel, Freiburg, New York 1994.

Kasper, S./Möller, H. J. (Hrsg.): Therapeutischer Schlafentzug. Klinik und Wirkungsmechanismen. Wien, New York 1996.

Kasper, S.: Depression – Angst – Zwang. Serotonin-Spektrumerkrankungen. Wiesbaden 1997.

Kruhse, G./Gunkel, S. (Hrsg.): Diagnostik und Psychotherapie depressiver Erkrankungen. Impulse für die Psychiatrie Band 2, Hannover 1997.

Kuhs, H.: Depression und Angst. Berlin, Heidelberg, New York 1990.

Kuiper, P. C.: Seelenfinsternis. Die Depression eines Psychiaters. Frankfurt 1996.

Lefrancoes, G.: Psychologie des Lernens. Berlin, Heidelberg, New York 1994[3].

Margraf, J./Schneider, S.: Panik, Angstanfälle und ihre Behandlung. Berlin, Heidelberg, New York 1990.

Mentzos, S.: Depression und Manie: Psychodynamik und Therapie affektiver Störungen. Göttingen 1995.

Nicklewski, G./Ricke-Niklewski, R.: Depressionen überwinden. Berlin 1998.

Peseschkian, N./Boessmann, U.: Angst und Depression im Alltag. Frankfurt am Main 1998.

Petermann, F./Vaitl, D.: Handbuch der Entspannungsverfahren. Weinheim 1994.

Peters, U. H.: Wörterbuch der Psychiatrie und medizinischen Psychologie. Augsburg 1997.

Praschl-Bichler, G.: Kaiserin Elisabeth: Mythos und Wahrheit. Wien 1996.

Reinecker, H. S.: Zwänge – Diagnose, Theorien und Behandlung. Bern, Stuttgart 1994.

Schad, M.: Elisabeth von Österreich. München 1998.

Spiegel, R.: Einführung in die Psychopharmakologie. Bern, Stuttgart 1995[2].

Tölle, R.: Psychiatrie einschließlich Psychotherapie. Berlin, Heidelberg, New York 1996[11].

Volk, S.: Schlafstörungen und was dagegen hilft. Berlin, Heidelberg, New York 1995.

Will, H.: Depression: Psychodynamik und Therapie. Stuttgart 1998.

Wurthmann, C.: Trizyklika bei Angsterkrankungen. In: Kasper, S./Möller, H. J.: Angst- und Panikerkrankungen, S. 229–313. Jena 1995.